백혈병의 나라에서 읽은 로마서

조현수 지음

■ 조현수

　1961년 3월 30일 생.

- 감리교신학대학교와 신학대학원에서 기독교교육을 전공
- 1991년부터 2005년까지 경화여자중고등학교 교목으로 사역
- 2005년부터 2011년까지 교회 교육목사로 사역
- 2011년 11월 28일, 분당서울대학교병원에서 급성골수성백혈병 진단 받음
  화학요법으로 1차 치료 후 회복 중 재발되어 골수이식을 받음
  2016년 1월 현재 이식 후 2년을 지나 순조롭게 회복 중

백혈병의 나라에서 읽은 로마서

초판인쇄　　2016년　6월　1일
초판발행　　2016년　6월　9일

지 은 이　　조현수
발 행 인　　윤석현
발 행 처　　박문사
책임편집　　이신
등록번호　　제2009-11호

주소　서울시 도봉구 우이천로 353 성주빌딩 3F
전화　(02) 992-3253 (대)
전송　(02) 991-1285
전자우편　bakmunsa@daum.net
홈페이지　http://www.jncbms.co.kr

ISBN 979-11-87425-02-1 03230　　　정가 10,000원

백혈병의 나라에서 읽은 로마서

조현수 지음

박문사

사람이 살아가는 길(人生)에는 굴곡이 있습니다.
산 정상을 오를 때가 있고,
사망의 음침한 골짜기를 지날 때가 있습니다.
여기 모은 글들은 가장 깊은 골짜기를 지날 때의 기록입니다.
이 글들이 깊은 골짜기를 지나는 이들의
글벗이 되기를 소망합니다.

"하나님께 가까이 있는 것이 나에게 복이다"

- 시 73:28 -

감사의 말

백혈병을 진단받는다는 것은 기대한 일도 아니고 예상한 일도 아닙니다. 뜻밖의 사건입니다. 진단을 받고 치료를 받는 모든 과정은 온통 감사한 일들뿐입니다. 왜냐하면 내가 할 수 있는 일은 없는 가운데 누군가의 손길에 의해서 이루어지는 과정이기 때문입니다. 그 모든 손길에 감사합니다.

감사한 사람이 너무나 많습니다.

가장 가까이에서 모든 것을 감당한 아내(한선옥)와 아이들(조여름, 조한결), 늘 버팀목이 되어주는 큰 누나(조경애)와 매형(이충근), 조혈모세포 이식의 공여자 작은 누나(조옥경)와 매형(강신원), 내 일처럼 걱정해주시고 기도해 주신 친지들, 고향 교회처럼 품어주시고 회복에 힘이 되어 주신 이범선 목사님과 삼성교회 교우들, 멀고 가까운 곳에서 기도해주신 감리교신학대학 기독교교육학과 동문들, 특별히 85 동기들, 무엇보다 치료의 일등공신 분당서울대학교 병원 혈액종양내과 이정옥 교수님과 병동의 간호사들, 입원 중에 수시로 찾아와 말씀과 기도로 위로해 주신 원목실의 이종서 목사님 일일이 불러드리지 못한 많은 이들의 관심과 기도가 있었던 것을 기억합니다.

모든 것이 협력하여 선을 이룬다는 바울의 고백처럼, 이들이 모두 협력해서 저를 다시 일으켜 주었습니다.

감사, 또 감사!

9

Part 3 성찰의 계기

Part 1

백혈병의
나라에서
읽은
로마서

백혈병을 통해 알게 된 것은 로마서의 '신앙'이다. 지금까지 로마서는 "신학의 책"으로만 읽었다. 로마서는 바울의 신학 교과서라고 알고 있었다. 잘못 알고 있는 것은 아니다. 기독교 안에서 바울은 최초의 신학자로 생각하고 있고, 그에게서 기독교 교리가 정립되었다고 보고 있다. 신약성경에 수록된 그의 글들은 대부분 편지글이지만 신학적인 주제를 체계적으로 진술하고 있다. 그도 그럴 것이 바울에게는 적대자들이 많았다. 복음을 모르는 사람들에게 복음을 전해야 하는 사명과 함께 적대자들과 논쟁도 피할 수 없었던 바울의 위치가 그를 신학자로 만들었다고 볼 수 있다. 그의 언어는 철학적이고, 체제는 논리적이다. 그의 신학적 논리가 가장 잘 정립되어 있는 책이 로마서다. 그러니 로마서는 최초의 신학서라고 해도 틀린 말은 아닐 것이다. 많은 사람이 로마서를 어려운 책으로 생각하는 이유가 여기에 있다.

백혈병의 나라를 지나면서, 로마서를 다른 눈으로 읽게
되었다. 로마서는 "신앙의 책"이라는 것이다. 로마서는 신학
적인 겉모습을 갖추고 있지만 그 내면에는 바울의 신앙고백
이 중심을 이루고 있다. 만약에 이런 신앙고백이 없다면 로
마서는 건조한 이론서에 그치고 말았을 것이다. 그렇게 되
면 로마서는 무슨 힘이 있겠는가? 신학의 책으로서 로마서
는 신학자들이나 목회자들에게는 필요할지 몰라도 평신도
들에게는 거리감을 둘 수밖에 없는 어려운 책일 뿐이다. 살
아있는 신앙을 위해 로마서는 "신앙의 책"으로 읽어야 한
다. 이제 우리는 로마서에서 교리 논쟁의 전거를 찾거나
신학적 논리의 근거를 찾으려고 하지 말고 우리를 살리는
신앙의 원천을 발견해야 할 것이다. 백혈병이 나에게 준
깨달음이다.

1

백혈병의
나라에
들어가다

요한이 잡힌 뒤에, 예수께서 갈릴리에 오셔서, 하나님의
복음을 선포하셨다.

> "때가 찼다. 하나님의 나라가 가까이 왔다. 회개하여라. 복음을
> 믿어라"
>
> (막 1:14-15)

예수께서 갈릴리에서 하나님의 나라를 선포하실 때, 나라
는 시·공간의 의미가 아니라 지배(reign)를 의미한다. 하나
님의 법칙이 지배하는 사회를 뜻한다. 이 복음이 처음 선포
된 곳은 '갈릴리'라는 지역이다. 갈릴리는 이중의 지배 아래
있는 곳이다. 두 제국의 지배를 중첩되게 받고 있었는데,
하나는 로마 제국이고 다른 하나는 율법의 제국이다. 사람
을 위해, 하나님의 은혜로 제정된 율법마저 제국으로 변한

상황에서 사람들의 삶은 억압된 것이고, 해방을 갈망할 수밖에 없었다. 이런 중첩된 지배 아래 억압되어 있는 사람들에게 예수는 하나님의 나라를 선포했다. 물리적으로는 제국의 지배 아래 있지만, 해방된 삶, 구원된 삶을 살 수 있는 길을 보여주신 것이다. 하나님의 통치로서의 그 나라는 시공간의 제약이 없기 때문에 지금 여기에서 누릴 수 있는 것이다. 하나님의 나라를 받아들이면 새로운 질서의 삶을 살수 있게 되는 것이다.

바울은 하나님의 나라를 좀 더 개인적인 차원으로 해석해서 '율법 아래 사는 삶'과 '은혜 아래 사는 삶'으로 구분했다. 율법 대 은혜는 로마서를 이루는 논리의 뼈대다. 율법 아래에서 사는 삶이란 율법의 제국에서 사는 것으로, 율법이 지배자가 되는 것을 말한다. 그러한 삶은 결국 정죄에 이르게된다. 율법은 죄를 알게 하는 역할을 하기 때문이다. 우리는 율법으로 구원에 이를 수 없다. 예수께서 율법의 나라를 벗어나 하나님의 나라에 들어가라고 하신 것처럼 바울은 율법 아래에서 사는 삶을 버리고 은혜 아래서 사는 삶을 살라고 말하고 있다. 바울의 메시지는 은혜 아래에서 살라는 것이다. 은혜 아래에서 살게 될 때 하나님은 지배자가 아니라 우리를 양육하는 부모가 되고, 삶을 이끄는 교사가 된다.

2011년 11월 28일, 분당서울대학교 병원에서 '급성 골수성 백혈병'이라는 진단을 받으면서 나는 백혈병의 나라에 들어가게 되었다. 백혈병의 나라에 들어갔다는 것은 내가 백혈병의 지배 아래 놓이게 되었다는 뜻이다. 백혈병의 나라는 제국이다. 백혈병은 나에게 '지배자'가 되었다. 시간이 지나고, 정신을 차리면서 새로운 인식을 갖게 되었다. 백혈병의 나라도 하나님의 나라에 속한 것이라는 사실을 알아가기 시작했다. 모든 것이 하나님의 통치 아래 있다는 것은 백혈병의 나라도 결국은 하나님의 통치 아래 있다는 것을 의미한다. 이러한 인식은 많은 것을 변하게 했다. 백혈병은 더 이상 '지배자'가 아니라 '교사'로 역할을 바꾸게 되었다. 병에서 벗어난 것은 아니지만 역할은 달라졌다. 백혈병의 나라를 지나는 시간이 이제는 고통의 시간이 아니라 배움의 계기가 되었다. 나를 성찰하고 믿음을 시험할 수 있는 기회가 되었다. 다행히 혼자 있는 시간이 많고, 급하게 해야 할 일이 없어서 성경을 읽어도 깊이 있게 읽을 수 있고, 책을 읽어도 충분히 이해할 수 있는 시간을 갖게 되었다. 성경을 처음 읽는 것처럼 맛을 느끼면서 깊이 있게 읽을 수 있었던 것은 큰 선물이었다. 병이 주는 유익이랄까?

2

인생의
미로에
빠졌을 때

"하나님을 사랑하는 사람들, 곧 하나님의 뜻대로 부르심을 받은
사람들에게는, 모든 일이 서로 협력해서 선을 이룬다는 것을 우
리는 압니다"

(롬 8:28)

로마서 8장 28절은 '아리아드네의 실타래'다. 아리아드네
의 실타래는 그리스신화에 그 유래가 있다. 크레타의 왕 미
노스는 다이달로스를 시켜 '미궁(Labyrinthus)'을 만들게 한다.
다이달로스는 아테나이 출신으로 손재주가 좋은 사람이다.
그가 미궁을 짓게 한 것은 우인(牛人) 괴물인 미노타우로스
(Minotauros)를 가두기 위해서다. 이 괴물은 사람의 고기를 먹
는 통제할 수 없는 괴물이었는데, 왕비의 몸에서 태어났기
에 죽일 수도 없는 곤란한 존재였다. 그래서 왕은 이 괴물을
가둘 목적으로 미궁을 짓게 한 것이다. 미궁을 지어 놓고는

매년 열두 명의 선남선녀를 제물로 바쳤다. 이 선남선녀들은 아테나이를 협박하여 조공으로 바치게 했다.

아테나이의 영웅 테세우스는 자기 나라의 선남선녀들이 제물로 희생되는 것을 두고 볼 수 없었다. 그는 열두 명의 제물에 끼어들어 크레타로 갔다. 그는 다른 제물과 함께 미궁으로 들어가 괴물 미노타우로스를 죽일 생각이었다. 문제는 괴물을 죽이고 나서 미궁을 빠져나올 수가 없다는 것이었다. 테세우스가 크레타에 도착했을 때, 그를 본 크레타의 공주 아리아드네(Ariadne)는 용기 있고 잘생긴 이 청년에 반하게 된다. 테세우스가 미궁에 던져지는 것을 두고 볼 수 없었던 그녀는 그에게 실타래를 하나 건네 주었다. 테세우스는 미궁에 들어가면서 남모르게 실타래에서 실을 풀면서 들어갔다. 괴물을 죽인 그는 아리아드네의 실을 따라 미궁을 빠져나올 수 있었다.

백혈병은 나에게 미궁과 같은 것이었다. 어떻게 빠져 나와야 할 지 알 수 없는 미궁에 빠진 것과 같은 상황에 놓인 것이다. 아무 것도 예상한 일이 없었고, 병에 대한 최소한의 상식도 없었다. 아무런 대비가 되어 있지 않은 상태에서 진단을 받고, 의사의 지시대로 치료에 임했다. 내가 할 수 있는 일이 아무것도 없었다. 그렇게 첫 번 치료를 마치고 회복하던 중, 일 년이 조금 넘어선 시점에 재발이 되었다. 다행히 골수이식을 받을 수 있어서 다시 한 번 치료를 시도할 수 있었다. 지금은 이식 후 순조롭게 회복을 하고 있다. 진단에서 지금에 이르기까지 3년여의 시간이 흘렀다.

2014년 연말 무렵부터 출석하고 있던 삼성감리교회 이범선 목사님과 로마서에 관한 이야기를 자주하게 되었고, 2015년 새해를 맞으면서 교회의 매일 묵상 본문으로 로마서가 제시되고 있었다. 로마서는 한 호흡에 읽어야 한다. 처음에는 1-3장을 읽고, 다시 1-6장을 읽었다. 그리고 다시 1-8장을 읽었다. 이렇게 하기를 몇 차례, 8장에서 드디어 실마리를 찾은 것 같은 느낌을 받았다. 이 목사님과 로마서는 8장까지만 읽으면 될 것 같다고 얘기했다. 로마서 8장 28절이야 말로 신앙인들이 삶의 미로에 빠졌을 때, 그 길을 찾게 해 주는 '아리아드네의 실타래'라고 생각한다. 이 구절이 지난 3년여에 걸쳐 내가 겪은 모든 일의 의미를 풀어주었다.

3
바울이
건네는
인사

"하나님께서 여러분을 사랑하셔서, 그의 거룩한 백성으로 부르셨습니다. 하나님 우리 아버지와 주 예수 그리스도께서 내려 주시는 은혜와 평화가 여러분에게 있기를 빕니다" (롬 1:7)

로마서는 편지글이다. 인사로 시작한다. 바울이 우리에게 따뜻한 인사를 건네고 있다. 하나님이 우리를 사랑하셔서 그의 거룩한 백성으로 삼으셨다는 것과 하나님으로부터 오는 은혜와 평화가 있기를 빌고 있다. 인사의 말들은 따뜻하다. 인사말을 듣고 있으면 마음이 밝아지고 평화로워진다. 입원해 있을 때, 아침이면 간호사들이 찾아와 밝게 인사를 한다. 그러면 밤사이 가라앉았던 병실이 활기를 찾고 환해지는 것을 느낀다. 인사를 건네는 것은 굉장한 힘을 발휘한다.

구약성경 룻기는 고난의 이야기이지만, 분위기는 아주 밝다. 그 이유가 어디에 있을까 생각해 본 적이 있다. 어느 날 룻기를 읽다가 등장인물들이 인사말을 주고받는 장면에서 이야기의 분위기가 바뀌는 것을 느꼈다. 룻기 1장은 나오미와 룻이 이방에서 온갖 고난을 당하고 고향으로 돌아오는 이야기다. 분위기가 애잔하다. 어둡고 슬프다. 그런데 2장에서부터 이야기의 분위기가 확 바뀐다. 룻이 보아스를 만나는 장면을 이렇게 그리고 있다.

> 그 때에 마침 보아스가 베들레헴 성읍에서 왔다. 그는 "주님께서 자네들과 함께 하시기를 비네"하면서, 곡식을 거두고 있는 일꾼들을 격려하였다. 그들도 보아스에게 "주님께서 주인어른께 복을 베푸시기 바랍니다"하고 인사하였다. (룻 2:4)

보아스와 일꾼들이 주고받는 인사에서, 보아스의 사람됨이 드러나면서 이야기의 분위기도 환하게 바뀌게 된다. 바울은 편지마다 인사말로 시작한다. 형식적인 것으로 읽을 수도 있다. 그러나 그 인사말이 나에게 건네는 것으로 읽을 때는 느낌이 다르다. 하나님의 사랑을 알게 되는데 복잡한 신학적인 논리가 필요한 것은 아니다. 하나님의 사랑은 가볍게 건네는 인사를 통해서도 느낄 수 있다. 그런데 바울이 건네는 인사는 가벼운 것이 아니다. 그가 말하는 하나님의 사랑은 그렇게 가벼운 것이 아니다. 예수 그리스도의 죽음을 통해 입증된 사랑이다.

> "그러나 우리가 아직 죄인이었을 때에, 그리스도께서 우리를 위하여 죽으셨습니다. 이리하여 하나님께서는 우리에 대한 자기의 사랑을 실증하셨습니다" (롬 5:8)

4
하나님의
사랑을
아는 것

호세아 예언자는 백성들을 향해 외친다.

"우리가 주님을 알자, 애써 주님을 알자"　　　(호 6:3)

하나님의 사랑을 알자는 말이다. 하나님의 사랑은 그들의
역사 속에서 이미 드러난 것이다. 그런데 이스라엘은 그것
을 잊고 우상을 좇았다. 그들이 살 길은 하나님의 사랑을
아는 데에 있다. 예언자는 그것을 호소하고 있다. 하나님의
사랑을 아는 것은 강력한 힘을 발휘한다. 바울은 그것을 알
고 있다고 말하고 있다.

"누가 우리를 그리스도의 사랑에서 끊을 수 있겠습니까? 환난입
니까, 곤고입니까, 박해입니까, 굶주림입니까, 헐벗음입니까,

위협입니까, 또는 칼입니까?"   (롬 8:35)

아마 여기서 열거한 목록은 바울이 직접 겪은 일들이었을 것이다. 그 속에서 바울은 그리스도를 통한 하나님의 사랑을 알게 되었고, 그 힘은 누구도 끊을 수 없는 것이라는 사실을 밝히고 있다. 이렇게 우리를 사랑하시는 하나님이 우리 편이라면 우리는 천하무적일 것이다.

"그렇다면, 이런 일을 두고 우리가 무엇이라고 말할 수 있겠습니까? 하나님이 우리 편이시면, 누가 우리를 대적하겠습니까?"

(롬 8:31)

병원에 오래 입원해 있다 보면 외로울 때가 많다. 주말이나 휴일에는 더욱 그렇다. 면회객이 많은 일부 시간을 제외하면 주말의 병실은 고요하다. 그 날은 주일 아침이었다. 식구들은 모두 교회에 가고 병실은 고요했다. 특별한 이상이 발생하지 않는 한 간호사들도 자주 들여다보지 않는다. 마음이 부산해지고 외로움이 밀려 왔다. 이 책 저 책 뒤적이다가 정호승 시인의 「그는」이라는 시를 읽게 되었다. 정상적인 상태였다면 주일 예배 설교를 하고 있어야 하는데, 생각이 여기에 미치자 설교를 한 편 써야겠다고 생각했다. 정호승 시인의 시를 모티브로 해서 나의 처지를 반영하여 한 편의 설교를 썼다. 이것으로 그날의 예배는 충만했다.

설교문

병실에서 외로운 중에 정호승 시인의 「그는」이라는 시를 읽게 되었는데, 크게 공감이 되면서 하나님을 그리워하게 되었습니다. 먼저 여러분과 시를 나누어 보겠습니다.

그는 아무도 나를 사랑하지 않을 때
조용히 나의 창문을 두드리다 돌아간 사람이었다.
그는 아무도 나를 위해 기도하지 않을 때
묵묵히 무릎을 꿇고
나를 위해 울며 기도하던 사람이었다.
내가 내 더러운 운명의 길가에 서성대다가
드디어 죽음의 순간을 맞이했을 때
그는 가만히 내 곁에 누워 나의 죽음이 된 사람이었다.
아무도 나의 주검을 씻어 주지 않고
뿔뿔이 흩어져 촛불을 끄고 돌아가 버렸을 때
그는 고요히 바다가 되어 나를 씻어 준 사람이었다.
아무도 사랑하지 않는 자를 사랑하는
기다리기 전에 이미 나를 사랑하고

사랑하기 전에 이미 나를 기다린

여러분은 시를 들으며 누군가를 떠올려보았습니까? 저는 첫 소절, 두 번째 소절을 읽으면서 누군가를 떠올려보았습니다. 나를 위해 기도해주는 사람들을 생각해 보았습니다. 오래전에 돌아가신 할머니가 생각났습니다. 6·25 전쟁 때 폭격을 맞아 다리를 잘 쓰지 못하셨으면서도 거의 매일같이 새벽기도회에 나가 기도하시던 할머니는 말년에는 거동이 어려우셨습니다. 그래도 매일 그 시간에 일어나 자리에서 기도하시곤 했습니다. 고등학생 때 나는 할머니와 같이 잘 때가 많았습니다. 새벽에 얼핏 잠이 깨면 할머니의 기도 소리를 듣게 됩니다. 나를 위해 눈물로 기도하시던 할머니의 소리는 돌아가신 지 오래된 지금도 귀에 들리는 듯합니다. 아내는 병실 옆 보조 침대에서 쪽잠을 자면서 내가 잠들면 조용히 나를 잡고 기도합니다. 자는 척하며 듣고 있자면 눈물이 고입니다. 가깝고 먼 많은 사람들이 나를 위해 기도하고 있다는 소식을 들으면 힘이 됩니다. 아마 내가 죽음을 맞는 순간에도 곁을 지키며 나를 위해 기도할 사람들입니다. 그런데 모두가 '촛불을 끄고 돌아간 이후까지' 나와 함께할 사람은 누구일까? 잘 떠오르지 않습니다. 누구도 그렇게할 수는 없습니다.

시편 139편에서 시인은 이렇게 노래하고 있습니다.

> "내가 주의 영을 피해서 어디로 가며, 주님의 얼굴을 피해서 어디로 도망치겠습니까? 내가 하늘에 올라가더라도 주님께서는 거기에 계시고, 스올에다 자리를 펴더라도 주님은 거기에도 계십니다"
>
> (시 139:7-8)

시편 23편에서 다윗은 "내가 비록 죽음의 그늘 골짜기로 다닐지라도, 주님께서 나와 함께 계시고, 주님의 막대기와 지팡이로 나를 보살펴 주시니(시 23:4)" 두려움이 없다고 고백하고 있습니다.

이런 시들은 고난을 겪고 깨달은 바를 노래한 고백입니다. 교회에서 어려서부터 배우기를 하나님은 없는 곳이 없으시다(무소부재, 無所不在)라고 했는데 아마 모두가 '촛불을 끄고 돌아간 이후'에도 함께하실 존재를 알려주는 것 같습니다.

십자가에 달려 돌아가신 예수님 못하지 않은 고난의 삶을 산 바울은 이렇게 고백하고 있습니다.

> "나는 확신합니다. 죽음도, 삶도, 천사들도, 권세자들도, 현재 일도, 장래 일도, 능력도, 높음도, 깊음도, 그 밖에 어떤 피조물도,

우리를 우리 주 예수 그리스도 안에 있는 하나님의 사랑에서 끊을 수 없습니다"

(롬 8:38-39)

하나님을 믿으면 부자가 되거나, 사회적으로 성공하거나, 불노장생의 건강을 얻거나, 죽은 다음에 천국에 가거나 하는 보상을 받는 게 아닙니다. 우리가 하나님을 믿는 것은 내가 어떤 처지에 놓이든지 늘 나와 함께하시는 그 하나님을 모시는 일입니다. 진정으로 그런 존재가 내 안에 함께하신다면 얼마나 든든한 일입니까? 그 이상 무엇을 더 바란다면 도둑놈 심보겠지요.

시편 91편의 시인은 바울과 비슷한 경험을 한 모양입니다. 그는 이렇게 고백하고 있습니다. 시인의 고백이 우리의 것이 되기를 바랍니다. 하나님께서 말씀하십니다.

"그가 나를 간절히 사랑하니, 내가 그를 건져 주겠다. 그가 나의 이름을 알고 있으니, 내가 그를 높여 주겠다. 그가 나를 부를 때에, 내가 응답하고, 그가 고난을 받을 때에, 내가 그와 함께 있겠다"

(시 91:14-15a)

5
주도면밀하신
하나님

  하나님의 의가 복음 속에 나타난다. 이 일은 오로지 믿음에 근거하여 일어난다. 이것은 성경에 기록한 바, "의인은 믿음으로 살 것이다(롬 1:17)"라고 한 것과 같다.

  인생에는 굴곡이 있다. 산 정상을 오를 때도 있고, "사망의 음침한 골짜기(시 23:4)"를 다닐 때도 있다. 2011년 가을 나는 아주 캄캄한 골짜기로 빠져들고 있었다. 목사로서 사역은 새로운 길을 찾아야 했고, 집안 살림은 아내 혼자 감당하기에는 너무 벅찬 일이었다. 최근 몇 년간 집안에 어려운 일이 몰려왔다. 2010년 여름, 어머니가 난소암으로 돌아가시기까지 2년여의 투병 기간은 가족들에게 캄캄한 골짜기를 지나는 것 같은 시간이었다. 어머니가 돌아가시고 집을 이사했다. 첫째 여름이는 고3이었는데 그 와중에도 열심히 해서 원하던 대학에 입학하게 되었다. 둘째 한결이는 고등학교 1학년 야구선수로서 첫해를 잘 넘겨주었다. 부담임으로 사역하고 있던 교회는 원하던 만큼 교회 성장이 이루어지지 않았고, 나는 새로운 사역지를 찾아야 할 상황이었다. 그런 상황에서 2011년을 맞았고, 여름이 되었다.

어머니의 1주기를 지나고 몸에 이상한 일들이 생기기 시작했다. 피부에 벌레에 물린 것 같은 물집이 생기더니 부풀어 올라 다리가 심하게 부었다. 피부과에서 처방을 받고 가라앉았다. 버스를 타고 교회에 출근하는데 심한 빈혈 증상으로 의자에 주저앉기도 했다. 운전하면서 졸기도 자주 했다. 가을에 접어들자 감기 증상이 나타나기 시작했는데 좀처럼 낫지를 않았다. 조금 낫는듯하다 다시 심해지기를 반복했다.

하루하루 어려운 시간을 보내던 때라, 워낙 잠을 잘 자는 나도 밤에 자주 깨곤 했다. 어느 날 새벽, 이른 시간에 잠이 깨면서 마음에 너무나 분명하게 음성이 들렸다. "전쟁은 하나님께 속한 것이다." 나는 의아하게 생각했다. 자주 있는 일도 아니고, 그 말 자체도 평소에 관심 있게 생각하던 말씀이 아니었다. 심지어 성경에 있기는 한데 어디에 있는지도 생각나지 않았다. 아침에 일어나자마자 서재로 가서 성경을 찾았다. 역대하 20장 15절에 있는 말씀이었다. 이 음성을 들으며 이상하게 느낄 정도로 마음이 평화로워지는 것을 느겼다.

그로부터 며칠 뒤, 한 모임에 참석하게 되었다. 기독실업인회 광주지회 모임으로, 지회를 창립할 때 함께 했던 모임이라 학교를 떠난 후에도 가끔 초대 받아 참석하던 모임이었다. 모임이 시작될 무렵 총무가 와서 오늘 설교하기로 한 목사님이 갑자기 사정이 생겨 못 오게 되었다며 나에게 간단한 설교를 부탁했다. 거절할 수 없는 상황이라 그러자고 약속을 했는데 모임이 시작되기 1분전 상황이었다. 나는 들고 다니던 노트를 꺼내 며칠 전 메모한 말씀을 들고 설교를 했다. 그 날 새벽에 들었던 음성에 대해 말하면서 모든 것을 하나님께 맡기는 신앙에 대해 설교했다. 회원들이 대부분 사업하는 분들이라 염려가 끊이지 않는 분들인데, 그래서 그런지 크게 은혜받은 눈치였다.

역대하 20장은 유다 왕 여호사밧 때에 있었던 일을 기록하고 있다. 여호사밧은 비교적 긍정적인 평가를 받은 왕이다. 그가 산당을 제거하지 못한 점은 한계로 지적되지만, 그 외에는 긍정적인 평가를 받을 만한 왕이었다.

"모압 자손과 암몬 자손이 마온 사람들과 결탁하여, 여호사밧에게 맞서서 싸움을 걸어 왔다"   (대하 20:1)

큰 부대가 사해 건너편 에돔에서 임금님을 치러 왔다는 보고를 들었다. 이에 놀란 여호사밧은 온 백성에게 금식령을 내리고 하나님께 기도를 드렸다.

> "우리 편을 드시는 하나님, 그들에게 벌을 내리지 않으시렵니까? 우리를 치러 온 저 큰 대군을 대적할 능력이 우리에게는 없고, 어찌할 바도 알지 못하고, 이렇게 주님만 바라보고 있을 뿐입니다" (대하 20:12)

모인 사람들 가운데 야하시엘이라는 레위 사람이 있었는데, 그에게 하나님의 영이 내렸다. 그가 이렇게 말하였다.

> "온 유다와 예루살렘에 사는 사람들과 여호사밧 임금님은 들으시기 바랍니다. 주님께서 여러분에게 말씀하십니다. '적군이 아무리 많다 하여도, 너희들은 두려워하거나 겁내지 말아라, 이 전쟁은 너희가 하는 것이 아니라, 나 하나님이 맡아 하는 것이다'" (대하 20:15)

이 말씀을 개역개정판에서는 "전쟁은 하나님께 속한 것"이라고 번역하고 있다. 대열을 갖추고 여호사밧과 유다 사람들은 하나님이 지시하는 들로 나갔는데, 그들 앞에는 이미 전멸한 적군들이 쓰러져 있었고, 그들은 전리품을 수거하여 돌아오게 되었다. 적군이 자기들끼리 서로 쳐 죽이는 바람에 유다 사람들은 싸울 필요도 없게 된 것이다. 그들은 예언자의 말대로 싸울 것이 없었던 것이다(대하 20:17).

2011년 11월 28일 월요일 아침, 도저히 견딜 수 없을 만큼 힘든 상태에 이르렀다. 아내와 함께 분당서울대학교병원 응급실을 찾았다. 감기가 심하니 입원해서 조금 치료하면 좋아질 거라 생각했다. 주요 증상이 무엇이냐는 의사의 물음에 어지럼증이 심하다고 했더니 피검사부터 시작했다. 이것저것 기본적인 검사를 하고 피검사를 했는데 빈혈이 심하다고 했다. 그리고 그 원인으로 가장 유력한 것이 백혈병이라는 것이었다. 나는 정신이 흐릿한 상태였고, 아내는 머리가 하얘졌다고 했다.

확진을 위해 골수검사를 하고, 기관지에 염증이 많아 내시경을 통해 검사와 치료를 병행해야 한다고 했다. 모든 것이 처음 당하는 일이라 예상할 수 없는 상황에서 너무나 힘든 검사를 받게 되었다. 기관지 내시경을 할 때는 너무 힘들어 나도 모르게 정신을 잃었었다. 깨어 보니 응급실 침대에 누워있었다. 입원실에 병상이 없어서 응급실에 격리된 방에서 하룻밤을 지나게 되었다. 급하게 연락이 닿은 식구들이

다녀가고 아내와 둘이 밤을 보내게 되었다. 아내와 나는 절망감에 이루 말할 수 없는 마음의 고통을 느끼고 있었다. 백혈병이라니…우리가 아는 백혈병은 옛날 드라마에서 여주인공들이 죽음을 맞을 때 흔히 앓던 그 병이 아닌가? 그제야 나는 눈치를 챘다. 며칠 전 새벽에 마음에 들렸던 음성이 바로 이때를 위해 들려주신 하나님의 음성이라는 것을 말이다.

그 무렵 김교신 선생의 글을 번역하여 블로그에 올리고 있었는데 "주도면밀하신 하나님"이라는 제목의 글이 생각났다.

> "신도에게도 시련이 없지 않다. 때로는 더 많은 듯하다. 그러나 그 시련은 '세상 사람들도 당하는' 것이 아닌 것이 없다. 하나님은 우리에게 감당할 수 없을 만한 시련을 내려서 우리를 거꾸러 뜨리기를 즐겨 하시지 않는다. 우리에게 시련이 무거울 때에는 반드시 피할 길을 예비하여 주신다. 찬송하리로다, 하나님의 주도면밀하고 빈틈없는 사랑을! 무릇 시련에서 벗어나게 된 사람은 찬송하리라. 하나님의 신실하신 처리를!" (고전 10:13)

주도면밀하고 빈틈없으신 하나님께서 지금의 어려운 날

을 위해 말씀을 주셨다고 생각했다. 그리고 그렇다고 고백했다. 비록 앞이 보이지 않는 캄캄한 골짜기에 빠졌지만 마음에는 평화가 있었다.

호스피스 운동의 선구자 엘리자베스 퀴블러 로스의 『인생수업』은 한 인상적인 에피소드로 시작한다. 그녀의 워크숍에 참가한 40대 초반의 여성에게서 들은 경험담을 소개하고 있다.

어느 금요일 오후, 혼자서 차를 몰고 시내 외곽 쪽으로 달리고 있었다. 교외에 있는 친구를 만나러 가는 중이었다. 고속도로 중간쯤 갔을 때 앞서 달리던 차들이 갑자기 멈춰섰다. 그녀도 정차한 뒤, 백미러를 쳐다봤다. 그런데 뒤를 따라오던 차 한 대가 전혀 정지할 기미를 보이지 않고 그대로 달려오고 있었다. 아마 운전자가 한눈을 팔아서 앞에서 벌어지고 있는 상황을 보지 못한 것 같았다. 그 순간 그녀는 앞으로 벌어질 사태를 예감하고 자기도 모르게 눈을 감고, 크게 숨을 들이쉬고는 운전대를 놔버렸다. 얼마 후 사방이 고요해지고, 눈을 떴을 때, 앞뒤에 있던 차들은 완전히 부서졌고, 자기 차도 종잇장처럼 구겨졌는데, 놀랍게도 자기는 별로 다치지도 않았다. 옆에 있던 경찰은 그녀가 몸의 긴장을 푼 것이 천만다행이었다고 말했다. 그녀는 이 경험에서 그동안 자신이 어떻게 살아왔는지를 깨달았다고 고백한다.

운전대를 꽉 쥐고 늘 긴장한 채 살았던 자신을 발견한 것이다.

우리가 하나님을 믿고 살아도 내가 할 수 있는 일은 내가 하는 것이 마땅한 도리다. 그것마저 하나님께 맡긴다면 인간으로서 도리를 다하지 못하는 것이다. 그러나 내가 어떻게 할 수 없는 상황을 만나게 될 때가 있다. 그럴 때는 힘을 빼야 한다. 내가 어쩔 수 없기 때문이다. 그럴 때야말로 하나님께 나를 맡기는 믿음이 필요하다. 2011년 11월 28일 이후 나는 바로 이런 상황에 놓였고, 그동안 경험하지 못한 믿음의 상황을 실제로 맞이하게 되었다. 바로 내일이 없는 시간들을 마주하게 되었다.

> "오 멍텅구리, 자신의 어깨 위에 자신을 지고 나르려 하다니! 오 비렁뱅이, 자신의 집 문전에서 구걸을 하다니!
> 모든 것을 받아 주시는 그분의 손에, 그대의 모든 짐을 맡겨라. 그러고도 미련을 떨치지 못해 뒤돌아보진 말라."
>
> (R. 타고르, 기탄잘리 9)

바울은 "의인은 믿음으로 산다"고 했는데, 이럴 때 믿음은 무엇인가? 그 믿음은 하나님을 믿는 것이고, 하나님의 섭리에 인생을 맡기는 것을 말한다. 다르게 말하면 더 큰 힘에 나를 맡기는 것이다. 미국의 사상가 랄프 왈도 에머슨은 이렇게 말했다.

> "나는 매 순간마다 어떤 일들에는 나의 의지라고 부를 만한 것보다 한 단계 더 높은 원인이 존재한다는 것을 인정하지 않을 수 없다."

사색을 통해 깨달은 것이 아니라 삶을 통해 알게 된 것을 말하고 있다. 하나님의 섭리를 따르는 신앙은 어려서부터 들어서 알고 있는 사실이었지만, 백혈병의 나라를 지나며 실감나게 확인하게 되었다.

6

그리스도와
함께 죽고
함께 산다

"우리가 그리스도와 함께 죽었으면, 그와 함께 우리도 또한 살
아날 것임을 믿습니다"

(롬 6:8)

'옛사람'이라는 말이 참 마음에 든다. '옛사람'이 있으면
'새사람'이 있을 것이기 때문이다. 바울은 우리가 그리스도
를 믿으므로 새사람이 되었다고 여러 곳에서 선언했다. 그
리스도를 믿는다는 것은 그리스도를 모심으로 새사람이 되
는 것을 말한다. 로마서 6장에서는 우리가 그리스도와 함께
죽고, 그리스도와 함께 산다고 말하고 있다. 그리스도와 함
께 죽은 것은 옛사람이고, 그리스도와 함께 사는 것은 새사
람이다. 그리스도와 함께 죽는다는 것을 바울은 이렇게 말
하고 있다.

우리의 옛사람이 그리스도와 함께 십자가에 달려 죽은 것은, 죄의 몸을 멸하셔서, 우리가 다시는 죄의 노예가 되지 않게 하려는 것임을 우리는 압니다" (롬 6:6)

어려운 일들이 어깨동무하고 몰려오기 시작할 무렵, 나도 힘들었지만 집안 살림을 꾸려가는 아내의 고통은 내가 다 헤아릴 수 없었다. 힘들어하는 아내에게 크리스마스 무렵 한 권의 책을 선물했다. 지금 생각하면 선물이라고 할 수 있을지 모르겠다. 사실은 그런 상황에 빠지게 한 것에 대한 면피성 뇌물이 아니었을지….

유명한 여러 작가들의 글을 모은 수필인데, 글의 의도가 "따뜻한 위로"라고 소개되어 있고, 제목이 『괜찮아, 살아있으니까』였다. 책 제목을 그냥 말해주고 싶은 심정으로 책을 선물한 것이다. 처음 입원했을 때 생각이 나서 이 책을 가져다 달라고 했다. 부담 없이 위로를 받을 수 있어서 입원실에서 읽기에 맞춤이었다. 특히 이 책을 기다리면서 다시 읽어야겠다고 생각한 것은 황대권의 글이었다. 그는 말한다. "당신에게 일어난 모든 일은 축복입니다." 과연 이 말을 받아들일 수 있을까? 백혈병의 나라를 지나는 내내 생각한 것들 중의 하나였다. 나에게 일어난 일이 축복이라면, 어떤 점에서 축복인가? 그가 이렇게 말하는 근거는 하나님은 좋으신

분이라는 데에 있다. 하나님이 우리에게 나쁜 것을 주실 리가 없다는 것이다. 지나고 보면 다 알게 된다는 말투다. 그는 정말 어려움을 많이 겪은 사람이다. 그러니 그의 말에 힘이 있을 수밖에 없다. 지금은 그의 말이 맞다고 인정할수밖에 없다.

백혈병은 나에게 축복이다. 그 가운데 가장 큰 축복은 인생을 리셋(re-set)할 수 있는 기회가 되었다는 점이다. 바울이 옛사람을 십자가에 달려 죽게 했다는 말이 이 말이다. 옛사람은 이제 지워버리고 새사람으로 거듭나는 계기가 되었다. 나는 허물이 많은 사람이다. 덮어버리고 싶은 삶의 장면들이 지천으로 널려있다. 그 모든 것을 짊어지고 힘겹게 삶을 꾸려가고 있었다. 백혈병을 진단 받고, 병을 치료하면서 믿음과 삶을 다시 회복하는 복된 기회를 갖게 되었다. 나 스스로 옛사람을 십자가에 달았어야 했는데 그렇게 못하고 있으니 하나님께서 기회를 주신 것이다. 백혈병이야 말로 내게는 큰 축복이다.

7

생명의
길

> 이제 여러분은 죄에서 해방을 받고, 하나님의 종이 되어서, 거룩
> 함에 이르는 삶의 열매를 맺고 있습니다. 그 마지막은 영원한
> 생명입니다. 죄의 삯은 죽음이요, 하나님의 선물은 우리 주 예수
> 그리스도 안에서 누리는 영원한 생명입니다. (롬 6:22-23)

죽음을 가까이에서 의식하게 되자 생명이라는 말이 그렇
게 절실할 수 없다. 죽음을 피할 수 없는 유한한 존재인 우
리지만, 그래도 멀리 있는 현실이라고 생각해서인지 절실하
게 느끼지 못했다. 그러나 백혈병 진단을 받는 순간 죽음이
가까이 있다는 것을 느꼈다. 바울은 하나님의 선물로, 즉
은혜로 영원한 생명이 주어졌다고 선언했는데, 그 생명은
무엇인가? 영원한 생명을 얻는 길은 무엇인가? 단순히 오래
사는 문제를 말하고 있지는 않을 텐데 말이다. 18세기 계몽
사상가 J.J.루소는 그의 책 『에밀』에서 산다는 것에 대해 이

렇게 말하고 있다.

> "산다는 것, 이것은 숨 쉬는 것이 아니다. 그것은 활동하는 것이다. 그것은 우리의 기관(器官)들과 감각(感覺)들과 능력 등 우리에게 생존해 있다는 의식을 부여하는 우리 인간의 모든 부분을 활용하는 것이다. 가장 많이 산 사람이란 가장 많은 연륜을 헤아리는 사람이라는 뜻이 아니라 가장 많은 삶의 보람을 느낀 사람이라는 뜻이다. 세상에는 백 년을 살고도 태어나자마자 죽은 것이나 다름없는 사람이 있다. 가령 젊어서 죽게 되었다 하더라도 그때까지 참되게 살았다면 그때까지는 훌륭하게 인생을 산 것이 되었으련만."

"사는 것처럼 살아야 하는데"라고 푸념하는 사람들을 많이 보았다. 그렇지 사람답게, 사는 것처럼 살아야 하는데 늘 뭔가 부족함을 느낀다. 성경이 우리에게 가르치는 것은 사실 사람답게 사는 길, 참되게 사는 길일 것이다.

1883년 그리스의 대주교 브리에니는 콘스탄티노플에서 고대 기독교와 관련된 고문서 속에서 "열두 사도의 가르침"이라는 글을 발견했다. 이 글의 내용은 예수님의 가르침을 정리해 놓은 것이다. 열두 사도에 의해서 전해진 예수님의 가르침은 복음서에 흩어져 있는 내용을 모아 놓은 것 같은 인상을 준다. 그 내용은 아주 간결하다.

> "두 길이 있으니 하나는 생명의 길이요 또 하나는 죽음의
> 길이다. 그 두 길 사이에는 커다란 차이가 있다. 그중 생명
> 의 길은 다음과 같다. 첫째로, 너를 창조한 신을 사랑하라.
> 둘째로, 네 이웃을 너 자신처럼 사랑하라. 따라서 남이 너
> 에게 하기를 바라지 않는 행동은 너도 남에게 하지 말라."

이것은 이 문서의 서론 격으로 이에 따른 세부적인 계율
의 조항들이 나열되어 있다. 예수님의 가르침은 아주 명확
해서 이해하기 어렵지 않다. 우리 앞에 두 길이 놓여 있다는
것이다. 그것은 생명의 길과 죽음의 길인데, 생명의 길을
가라는 것이다. 어떻게 보면 이것은 성경이 우리에게 주는
메시지의 전부라고 해도 지나치지 않는다.

신명기 30장 15-20절은 모세의 유언과 같은 말씀이다. 모
세가 한 일 가운데 가장 중요한 것은 나라의 제도와 율법을
제정한 것이다. 이집트에서 히브리인들을 이끌고 나와 가나
안으로 인도하여 한 민족을 이룰 수 있게 모든 토대를 세우
는 것이 모세의 사명이었다. 가나안에 들어가지는 못했지만
그는 율법을 제정하므로 한 민족의 삶의 토대를 세웠다. 그
리고 죽음을 앞에 두고 마지막으로 이렇게 말하고 있다.

"보십시오. 내가 오늘 생명과 번영, 죽음과 파멸을 당신들 앞에
내 놓았습니다"

(신 30:15)

"당신들과 당신들의 자손이 살려거든 생명을 택하십시오"

(신 30:19b)

당신들 앞에 생명의 길과 죽음의 길이 놓였으니, 당신들
은 생명의 길을 가라는 것이다. 그 길은 하나님을 사랑하고,
그의 말씀을 따르는 것이라고 말하고 있다(신 30:20). 이것은
구약성경 전체를 흐르고 있는 거대한 강줄기와 같은 것이
다. 이렇게 명확한 가르침이 있는데도 이스라엘은 툭하면
그 길에서 벗어났고, 예언자들은 그럴 때마다 생명의 길로
돌아오라고 외치고 있다.

시편은 150편의 시를 모은 시집이다. 그리고 1편은 시집
을 편찬한 시인이 전체를 종합해서 제일 앞에 붙인 서시에
해당한다. 그러니 제일 앞에 자리를 잡고 있지만 사실은 제
일 나중에 썼을 것이다. 그리고 그 내용은 시편 전체를 요약
한 것이라고 할 수 있다. 시편 1편에 따르면 시편은 우리에
게 두 길이 있다고 가르치고 있다. 하나는 의인의 길이고,
다른 하나는 악인의 길이다. 복 있는 삶은 의인의 길을 가는
데, 그는 마치 시냇가에 심은 나무와 같을 것이라고 한다.

그리고 그 길은 하나님의 말씀을 묵상하는 삶이다. 반면에 악인의 길은 바람에 날리는 쭉정이와 같은 것이라고 말하고 있다. 잠언과 전도서의 지혜도 결국 생명의 길을 가는 것이 지혜라는 사실을 말하고 있다.

바울은 "죄의 삯은 죽음이요, 하나님의 선물은 우리 주 예수 그리스도 안에서 누리는 영원한 생명(롬 6:23)"이라고 말한다. 이 말은 생명의 길이 무엇인가를 말하고 있다. 바울은 죄의 종이 되지 말고 의의 종이 되라고 말하고 있다. 죄의 종이 된다는 것은 무엇인가? 구약에서 말하는 죽음의 길을 가는 것을 말한다. 죄를 범하게 되면 죄의 종이 된다고 말하면서, 우리의 삶은 하나님의 의에 순종하는 것이어야 한다고 말하고 있다.

아들이 야구선수다 보니 초등학교 때부터 다양한 유형의 코치들을 보았다. 어떤 코치는 카리스마 넘치게 아이들을 강하게 지도하고, 어떤 코치는 부드럽게 인격적으로 인도한다. 극단적인 예가 초등학교에 많은데 공격할 때 타석에서 삼진 아웃을 당하고 나오면 엉덩이를 때리는 코치가 있었다. 그 팀의 선수들은 삼진 아웃을 당하지 말아야 한다는 생각으로 타석에 선다. 반면에 부드러운 코치가 있는 팀의 선수들은 '멋지게 안타를 한 방 날려야지'라고 생각하며 타석에 선다. 결과가 항상 일정하지는 않지만 부드러운 코치 아래서 경기하는 선수들이 자신의 기량을 마음껏 발휘하게 되는 것은 분명하다.

바울은 우리의 삶을 율법 아래 두지 말고 은혜 아래 두라고 말한다. 하나님은 부드러운 코치라는 믿음에서 나온 말이다. 하나님은 사랑이시고 은혜가 많은 분이시니, 그 분을 믿고 마음껏 삶을 살라는 것이다. 이것이 생명의 길이 아니고 무엇이겠는가?

8
성령의
탄식

"이와 같이, 성령께서도 우리의 약함을 도와주십니다. 우리는 어떻게 기도해야 할지도 알지 못하지만, 성령께서 친히 이루 다 말할 수 없는 탄식으로, 우리를 대신하여 간구하여 주십니다"

(롬 8:26)

누군가가 자신을 알아주면 위로가 되고 힘이 된다. 탄식이 절로 나오는 상황에 빠지면 더욱 그렇다. 병상에 있으니 수많은 위로를 받았는데 그중 제일 위로가 되는 것은 비슷한 처지를 경험한 사람의 위로다. 미국 작가 앤 라모트는 가장 강력한 설교 중의 한마디는 "나도 그래!"라는 말이라고 했는데, 정말 그렇다.

나에게서도 탄식이 절로 나오는데, 아내의 탄식은 정말 듣고 있기 힘들다. 나로 인해 가족들이 겪고 있는 어려움은 이루 말할 수 없다. 내가 그 탄식을 덜어줄 수 있으면 좋으련만, 그러지 못해서 늘 미안하다. 바울은 우리가 어찌할 바를 모르고, 어떻게 기도해야 할지 모르는 처지에 놓였을 때 성령께서 우리를 대신하여 간구하여 주신다고 말한다. 내가 들은 가장 강력한 위로이다. 성령의 도우심이 함께하시기를….

9
고난은
해산의
고통

모든 피조물이 이제까지 함께 신음하며, 함께 해산의 고통을 겪고 있다는 것을, 우리는 압니다.　　　　　(롬 8:22)

　로마서 8장을 펴놓고 하염없이 바라보며 나의 신앙은 무엇일까를 생각하고 또 생각하는 시간을 갖고 있다. 설교를 준비하는 것이었으면 주석을 함께 펼쳐놓고 읽었겠지만, 지금은 나를 살피기 위한 독서이기에 굳이 주석을 참고하지 않고 있다. 사실 성경은 주석을 염두에 두고 쓴 책이 아니다. 워낙 해석학적 거리가 크기 때문에 전문가의 도움을 받을 필요가 있지만 지금도 대부분의 독자는 주석 없이 성경을 읽게 된다. 전문적인 지식보다도 진실한 마음으로 성경을 대면하는 자세가 필요하다.

　로마서 8장 18절에서 바울은 "현재 우리가 겪는 고난은,

장차 우리에게 나타날 영광에 견주면, 아무것도 아니라고" 생각한다고 의견을 밝히고 있다. 이 말은 이 글을 읽는 이들이 고난 가운데 있다는 것을 전제로 한다. 고난 가운데 있는 이들에게 고난의 의미를 밝히려는 것이 바울의 뜻이다. 우리는 틀림없이 고난 가운데 있지만 그 고난에는 뜻이 있다. 그것을 바울은 22절에서 "해산의 고통"이라고 표현하고 있다. 고난은 무언가를 위한, 무언가가 되기 위한 과정이라는 것이다. 바울의 신학적인 언어로 이해하면 새로운 존재가 되는 과정이라는 말이다. 그리고 이것은 하나님의 은혜로 이루어지는 일이니 고난은 축복이다. 나는 백혈병을 통해 새로운 존재가 되기를 소망한다. "자기 아들의 형상과 같은 모습"(롬 8:29)이 되기까지 새롭게 되기를 소망한다. 몸은 쇠약해질지 몰라도 영적으로는 새롭게 되기를 원한다.

하나님, 새롭게 하시는 은총을 내리소서.

10
우리는
압니다

바울은 이러한 사실을 "우리는 압니다"라고 쓰고 있다. 로마서 8장 28절에서도 "우리는 압니다"라는 표현을 쓰고 있다. "하나님을 사랑하는 사람들, 곧 하나님의 뜻대로 부르심을 받은 사람들에게는, 모든 일이 서로 협력해서 선을 이룬다는 것을 우리는 압니다(롬 8:28)". 바울의 이러한 표현에서 그의 이런 말들이 신앙의 언어로 쓰였다는 것을 알 수 있다. 그는 무엇을 주장하고 있는 것이 아니다. 논증을 하고 있는 것도 아니고 교훈을 주려고 시도하는 것도 아니다. 그는 자기가 알게 되었고, 함께 참여하는 우리도 알게 될 것이라고 말하고 있다. 고난에 참여한 이들은 알게 될 것이다. 고난은 "해산의 고통"이라는 것을, 그리고 돌아보면 그 모든 것이 하나님의 섭리로 이루어졌다는 것을 말이다. 그렇다. 전에는 배워서 알고 있었지만 이제는 겪어보니 알 것 같다.

11

하나님을
사랑하는
사람들에게

"하나님을 사랑하는 사람들, 곧 하나님의 뜻대로 부르심을 받은
사람들에게는…"

(롬 8:28a)

이 부분에서 한참을 머물게 된다. 나는 하나님을 사랑하
는 사람인가? 하나님의 부르심을 받은 사람인가? 하나님을
사랑하는 사람들에게 내린 은혜를 바울은 말하고 있는데 나
는 과연 그런 사람인가? 내가 이 말씀을 읽고 있는 것으로
봐서는 하나님의 부르심을 받은 것이 분명한 것 같은데, 중
요한 것은 내가 하나님을 사랑하는 사람이냐는 것이다.

로마서 1장 7절, 인사말에서 바울은 "하나님께서 여러분
을 사랑하셔서, 그의 거룩한 백성으로" 부르셨다고 말한다.
내가 하나님을 사랑하느냐에 앞서서 하나님의 사랑이 우리
를 그의 백성으로 부르셨다고 고백하고 있다. 하나님을 사

랑하는 사람이라는 말이 은혜의 전제 조건은 아닐 것이다.

하나님의 은혜는 차별이 없으며, 우리의 의지를 초월하는 것이기 때문이다. 믿고 고백하는 것뿐이다. 우리가 기대하는 것은 "하나님께서는 이미 정하신 사람들을 부르시고, 또한 부르신 사람들을 의롭게 하시고, 의롭게 하신 사람들을 또한 영화롭게(롬 8:30)"하시겠다는 약속이다.

로마서
8장 28절에
이르다

로마서 8장은 로마서라는 산의 정상이다. 바울은 어떤 신앙의 경지에 도달한 것 같다. 그가 도달한 경지는 "천하무적의 신앙"이다. "하나님이 우리 편이시면, 누가 우리를 대적하겠습니까?(롬 8:31)" 이것이 바울이 도달한 경지다. 그가 이렇게 고백할 수 있는 것은 하나님을 알았기 때문이다. 하나님의 사랑을 몸으로 체득했기 때문이다. 그는 "누가 우리를 그리스도의 사랑에서 끊을 수 있겠습니까? 환난입니까, 곤고입니까, 박해입니까, 굶주림입니까, 헐벗음입니까, 위협입니까, 또는 칼입니까?(롬 8:35)"라고 묻는다. 이것은 그가 일일이 겪었던 것들을 나열한 것이다. 이런 것들을 다 겪으면서 절대로 끊어지지 않을 하나님의 사랑을 체험한 것이다. 그러기에 그는 모든 것을 이기고도 남는다고 고백하고 있다. 바울은 재차 자신의 확신을 말하고 있다.

"나는 확신합니다. 죽음도, 삶도, 천사들도, 권세자들도, 현재 일도, 장래 일도, 능력도, 높음도, 깊음도, 그 밖에 어떤 피조물도, 우리를 우리 주 예수 그리스도 안에 있는 하나님의 사랑에서 끊을 수 없습니다"   (롬 8:38-39)

도대체 바울이 무엇을 체험했기에 이러한 경지에 도달할 수 있었던 것인가? 정말 궁금한 것은 이것이다. 그 비밀이 바로 이 말씀 속에 있다.

"하나님을 사랑하는 사람들, 곧 하나님의 뜻대로 부르심을 받은 사람들에게는, 모든 일이 서로 협력해서 선을 이룬다는 것을 우리는 압니다"   (롬 8:28)

이 말씀이 바로 로마서의 정상이다. 이 비밀을 체험한 사람은 바울이 도달한 경지를 알게 될 것이다.

2011년 11월 28일, 나는 인생의 골짜기로 떨어졌다. 갑자기 뚝 떨어진 것은 아니다. 내리막을 미끄러져 바닥까지 도달한 것이다. 가으내 계속되던 몸의 이상이 "급성 골수성 백혈병"이라는 진단을 받게 된 날이다. 그런데 이상하게도 절망의 끝에서 오히려 주도면밀하신 하나님의 손길을 깨달았다. 요한복음은 하나님은 말씀이시라고 했는데, 하나님의 말씀을 듣게 되었다. 그때를 대비해서 미리 말씀으로 준비해 주셨다. 그것이 역대하 20장 15절이다. "전쟁은 하나님께 속한 것이다." 하나님이 어떻게 싸우시는지 지켜보라는 것이다. 절망의 골짜기에 빠졌는데, 이상하게 마음에는 평화가 있었다. 때때로 흔들릴 때마다 응원의 메시지를 듣게 하셨다. 생각지도 못했던 손길들이 동원되어 치료 과정을 이어가게 하셨다.

첫 번째 항암치료를 받고 회복되다가, 재발하자 또다시 절망에 빠졌다. 혹시 모른다며 피검사와 골수 검사를 했다. 결과를 보러 가기 위해 병원으로 출발하려는데 문자메시지가 왔다. 입원실이 예약됐다는 것이다. 결과를 미리 확인하고 담당 교수가 입원실을 준비해 놓은 것이다. 아내와 나는 말없이 눈물만 흘렸다. 다시 정신을 가다듬고 병원으로 향했다. 이제는 골수 이식밖에 치료방법이 없는데, 마침 작은 누나의 유전자 구조가 일치해서 이식을 받을 수 있었다. 골수 기증자를 찾지 못해 안타까워하는 환우들에 비하면 나는 정말 행복한 경우였다. 골수이식은 순조롭게 진행되었고, 회복도 지금까지 순항이다.

질병은 잘 치료되고, 회복도 순조롭다. 하지만 삶의 치유는 아직 진행 중이다. 질병을 치료하신 하나님께서 삶도 치유해 주실 것을 믿는다. 예수님께 치료받은 사람들은 제사장에게 보내 사회에 환원시키므로 치유를 마무리하셨다. 지금 우리에게도 마찬가지다. 질병으로부터의 치료는 의료기관을 통해서 이루어지지만, 사회 속에서 삶이 회복되어야 치유가 되는 것이다. 이 모든 과정을 통해서 "모든 일이 서로 협력해서 선을 이루게" 하시는 하나님의 사랑을 알게 되었다. 이보다 더 큰 보상은 없을 것이다.

> "우리는 이 모든 일에서 우리를 사랑하여 주신 그분을 힘입어서, 이기고도 남습니다. 나는 확신합니다. 죽음도, 삶도, 천사들도, 권세자들도, 현재 일도, 장래 일도, 능력도, 높음도, 깊음도, 그 밖에 어떤 피조물도, 우리를 우리 주 예수 그리스도 안에 있는 하나님의 사랑에서 끊을 수 없습니다" (롬 8:39)

아멘!

Part 2

병상일기

예기치 않은 일이었다. 처음 응급실에 갈 때는 하루 이틀 입원 치료하면 낫을 것으로 생각했다. 그런데 백혈병이라는 진단을 받게 된 것이다. 모든 것이 당황스러운 사태였고, 정신은 흐릿했다. 몸 상태도 너무 좋지 못했다. 격리 입원이 대부분이라 혼자 있는 시간이 많았다. 책을 읽기도 쉽지 않았고 글을 쓰는 것은 더욱 기대할 수 없었다. 그래도 의미 있게 시간을 보내야겠다고 생각해서 성경책과 읽을 책을 머리맡에 두고, 노트를 준비했다. 처음에는 글씨도 제대로 쓸 수 없었지만 억지로라도 무언가를 썼다. 정신을 좀 수습한 후에 병상일기라고 정리해 보았다. 재발하기 전 항암치료를 받던 때의 기록이다.

하나님의 조형술

조직 검사 결과를 기다리며 응급실을 벗어나 2인실 격리 입원실에 들어왔다. 어젯밤 화장실에 앉아 있는데 "하나님의 조형술"이라는 말이 떠올랐다. 하나님이 우리를 만들어가는 기술, 그것을 이렇게 부를 수 있으리라.

하나님이 우리에게 무언가를 주실 때는 세 가지 중 하나라고 한다. 첫째는 하나님이 영광을 받으시기 위해, 둘째는 타인에게 유익을 주기 위해, 그리고 셋째는 나를 교육하실 목적으로…우리가 살아가면서 만나게 되는 여러 가지 역경들(life's hurdles)은 우리를 조형하기 위한 하나님의 커리큘럼이다.

『괜찮아, 살아있으니까』에서 황대권은 "당신에게 일어난 모든 일은 축복입니다"라고 말하고 있다. 왜냐하면 하나님은 우리를 사랑하는 분인데 우리에게 좋은 것을 주시지 않겠느냐는 것이다. 지금은 비록 역경을 당하고 있지만 길게 보면 그것도 축복이라는 것이다. 이런 역경은 바로 하나님께서 우리를 조형해 나가시는 과정이고 보면 결과적으로 축복이다.

나는 강인한 사람이 아니다. 의지가 강한 것도 아니고 인내심이 크지도 못하다. 힘든 일을 겪어보지도 않았다. 이런 나를 좀 더 강하게 하시려는지 모르겠다. 나에 대해 좀 더 깊이 성찰하게 하시려는 것 같기도 하다. 결과적으로 이 일을 겪으면서 더 강해지고 깊어질 것으로 기대한다.

이 사태가 나에게만 아니라 가족들에게도 큰 영향을 미치고 있다. 가족들 간의 유대가 더욱 강화되었다. 위기를 만나니 모두가 마음을 모으고 뜻을 모으고 힘을 모으고 있다. 아내는 더욱 강해지고 세심해지고 있다. 한결이는 더욱 단단해지고 있다. 아빠가 지켜보지 않아도 스스로 알아서 앞길을 준비해 나가겠다고 한다. 여름이는 엄마의 역할을 나눠지면서 든든한 모습을 보인다. 백혈병은 틀림없는 역경이지만 결국은 축복이고 감사할 일이 되고 있다. 이것이 다 하나님의 조형술이라고 믿는다.

아침 메뉴는 '우겨쌈'

이른 새벽에 잠이 깨서, 화장실에 앉아 있는데, 성경에 사방으로 우겨쌈을 당한다는 말이 생각이 났다. 이런 생각이 떠오른 이유는 입원해 있는 환자의 신세가 '사방으로 우겨쌈'을 당하는 것처럼 생각되었기 때문이다. 그래 오늘 아침 메뉴는 '우겨쌈'이구나!

> "우리가 이 보배를 질그릇에 가졌으니 이는 심히 큰 능력은 하나님께 있고 우리에게 있지 아니함을 알게 하려 함이라. 우리가 사방으로 우겨쌈을 당하여도 싸이지 아니하며 답답한 일을 당하여도 낙심하지 아니하며 박해를 받아도 버린바 되지 아니하며 거꾸러뜨림을 당하여도 당하지 아니하고…" (고후 4:7-9)

우리는 질그릇과 같이 보잘것 없고 능력도 없지만, 이 질

그릇에 보배를 가졌다. 그 보배는 하나님의 능력인데, 예수 그리스도의 죽음과 부활을 통해 보여준 생명의 역사이다. 그런 하나님의 능력이 함께하니 사방으로 우겨쌈을 당해도 걱정할 것이 없다는 말씀이다.

병상에 누워 있으니 우리가 얼마나 연약한 존재인지 깨닫게 된다. 육신뿐만 아니라 영적으로 연약하기 그지없다. 조금만 이상이 느껴져도 마음이 불안해 온다. 의사가 조금만 안 좋은 예상을 말하거나, 주위 환우들이나 보호자들이 불길한 얘기만 해도 마음이 흔들린다. 그럴 때마다 마음의 힘을 달라고 기도한다.

병에 걸린 것이 나쁘기만 하지 않은 것은 우리의 영혼이 더욱 하나님께 가까이 간다는 것이다. 그 어느 때보다 병상에서 영혼을 돌아보고 하나님의 도우심을 구하는 간절함이 크다. 몸은 약해질지라도 영적으로 강해지기 위해 더욱 노력하고 있다.

면역 수치 zero의 의미

내가 앓고 있는 백혈병의 치료과정은 다른 암과는 다르다고 했다. 조직검사 결과를 확인하고 병명을 확정하고 나자 담당 교수는 치료과정을 설명하고 바로 항암치료에 들어가자고 했다. 첫 번째 치료과정을 관해과정이라고 하는데, 항암제를 이용하여 암세포를 완전히 제거하는 것이 목적이다. 일주일 동안 24시간 쉬지 않고 항암제 주사를 맞았다. 항암제 주사가 끝나고 나니 피검사 결과 면역 수치가 $0_{(zero)}$이나왔다. 처음에는 이 수치들의 의미를 몰라 어떤 상황인지 잘 알 수 없었다.

격리입원실에서 여러 가지 조심해야 할 것들에 대해 설명을 들었다. 몸에 면역력이 전혀 없는 상황이 되었다. 정상적인 상태에서는 아무 문제가 없을 것들이 다양한 문제를 일으켰다. 외부 감염은 말할 것도 없고, 이미 몸 안에 있던 균들이 문제를 일으키고, 심지어 좋은 역할을 하던 균들이 나쁜 놈으로 역할을 하기도 했다.

면역 zero 상태에서 열이 나기 시작했다. 무언가의 공격을 받고 있다는 것이다. 38-40도의 열이 2주일간 지속하여 얼마나 힘들었는지 모른다. 약 2주가 지나니까 몸에서 면역력이 다시 살아나기 시작하자 열이 내리고 몸 상태가 조금씩 돌아오기 시작했다. 면역 수치가 어느 정도 이상 올라가면 격리가 해제되고, 얼마 있으면 퇴원할 수 있게 된다.

우리 몸에 면역력이 떨어지자 사소한 원인 때문에 크고 작은 문제들이 발생하는 것처럼 우리의 마음에도 면역력이 떨어지면 다양한 영적인 문제들을 일으키게 된다. 사소한 일에 짜증을 내고, 좋았던 것들이 나쁘게 보이기도 한다. 교회 공동체 안에서도 별것 아닌 일로 분쟁이 일어나는 데, 이것은 영적인 면역력이 떨어져서 생기는 문제다. 영적 생활의 대부분은 시험을 어떻게 이겨 나가느냐의 문제다. 영적인 면역력이 부족하면 작은 시험에도 넘어질 수 있다. 평소에 말씀을 읽고 기도하는 신앙생활을 통해 영적인 면역력을 키워야 할 필요가 있다.

오늘 읽은 말씀들

"이것을 너희에게 이르는 것은 너희로 내 안에서 평안을 누리게 하려 함이라. 세상에서는 너희가 환란을 당하나 담대하라. 내가 세상을 이기었노라." (요 16:33)

"우리가 종일 주를 위하여 죽임을 당하게 되며 도살 당할 양 같이 여김을 받았나이다. 우리 주 그리스도 예수 안에 있는 하나님의 사랑에서 끊을 수 없으리라." (롬 8:31-39)

건강을 잃고 병원을 찾은 환우들의 처지가 마치 말씀 속에 양들과 비슷하다. 도살당할 양같이 이리 끌면 이리 끌리고, 저리 끌면 저리 끌린다. 이런 검사 저런 검사로 끌려다니는 환우들의 처지가 안쓰럽다. 하나님의 사랑만이 희망이다.

"또 그리스도께서 너희 안에 계시면 몸은 죄로 말미암아 죽은 것이나 영은 의로 말미암아 살아 있는 것이니라. 예수를 죽은 자 가운데서 살리신 이의 영이 너희 안에 거하시면 그리스도 예수를 죽은 자 가운데서 살리신 이가 너희 안에 거하시는 그의 영으로 말미암아 너희 죽은 몸도 살리시리라" (롬 8:10-11)

"주께서 내 마음에 두신 기쁨은 그들의 곡식과 새 포도주가 풍성할 때보다 더하나이다. 내가 평안히 눕고 자기도 하리니 나를 안전히 살게 하시는 이는 오직 여호와이시니이다" (시 4:7-8)

병상에서는 평안히 눕고 자기도 하고, 무사히 깨어나는 것이 큰일이다. 우리가 마음 놓고 평안히 누울 수 있는 것, 하나님이 역사하심을 믿기 때문이다. 곡식과 새 포도주가 풍성한 것보다 주께서 마음에 주신 기쁨이 더 대단하다는 말씀에 집중한다. 우리의 외적인 조건보다 내적인 평화가 더 귀하다는 고백이다. 우리는 얼마나 자주 작은 외적인 변화에도 마음의 평화를 잃는가? 예수께서 말씀하신 세상이 줄 수 없는 마음의 평화를 간절히 간구한다.

12월 29일, 오늘 밤을 평안히 자고 나면 골수 검사를 하고 퇴원한다.

1차 치료, 관해과정이 끝나는 것이다.

물론 골수 검사 결과가 잘 나와야 하지만….

이 또한 지나가리라

병상에 있다 보니 "물에 빠진 사람 지푸라기라도 잡는 심정"이 된다. 위로가 되고 힘이 될 말에 귀를 기울이게 된다. 처음 입원하여 격리실에서 가지 않는 시간을 견디기 위해 가벼운 읽을거리를 찾았다. 여름이를 시켜 책을 사오게 했더니 손명찬의 『꽃필날』을 사왔다. 책 표지도 예쁘게 잘 되어 있고, 내용도 간단히 읽을 수 있는 짧은 글들의 모음이었다. 길게 집중할 수 없는 컨디션에서 읽기에 적절했다. 이런저런 글들을 읽다가 한 문장이 눈에 들었다.

"이 또한 지나가리라."

출전을 밝히지 않아 어디에 있는 어떤 뜻의 글인지 몰라 퇴원할 날을 기다렸다.

이 말은 다윗 왕에 관한 에피소드에서 유래한 것이다. 성경에서 출전한 것이 아니라 랍비들의 미드라쉬 경전에 있는 이야기다. 그 내용은 이렇다.

다윗 왕이 전쟁에 나가기 전에 세공인을 불러 자신을 위해 반지를 하나 만들도록 했다. 그리고 반지에 자신이 전쟁에서 이기고 돌아오든지, 아니면 패하고 돌아오든지 상황에 적당한 글귀를 새기도록 했다. 세공인은 고민하다가 어린 솔로몬에게 찾아가 지혜를 구했다. 솔로몬은 이 말을 새기도록 했다. "이 또한 지나가리라." 전쟁에서 돌아온 다윗은 크게 만족했다. 이 말은 전쟁에서 이겼을 때 교만해지지 않게 하고, 패하고 왔을 때 낙심하지 않게 하는 효과적인 말이었다.

병상에서 이런저런 어려운 상황에 빠져 있을 때, 퇴원할 날을 기다리며 조급해 질 때, 어려운 검사가 예정되어 있을 때, 이야기의 본래 의도와는 상관없이 크게 위로가 됐다. 이 또한 지나가리라. 무엇이든 우리가 당하는 일은 영원한 것이 없다. 고통도 고난도 어떤 역경도 다 지나가리라. 이렇게 생각하니 마음의 평화를 찾을 수 있었다.

관해가 왔습니다

1차 관해과정 치료를 마치고 며칠간의 휴가를 얻어 퇴원을 했다. 퇴원할 때 골수 검사를 위해 골수를 채취해 놓고 나왔다. 검사 결과는 열흘정도 후에 나온다. 검사 결과를 보는 날 두 시간 전에 병원에 도착해 채혈을 하고, 점심식사를 하고 진료를 기다렸다. 어느 때보다 긴장 되었다. 왜냐하면 이번 검사 결과가 치료의 90%이상을 차지하기 때문이다.

시간이 되고 진료실에서 담당교수를 만났다. 한참을 모니터를 살피더니, "관해가 왔습니다"라고 말하는 것이다. 이 말의 뜻은 기대했던 결과가 나왔다는 것이다. 관해(remission, Remission, 寬解)란 백혈병 치료에서 골수에 있던 암세포가 완전히 사라진 것을 의미한다. 이 결과가 나와야 다음 치료과정으로 넘어갈 수 있다. 그렇지 않으면 처음 과정을 다시 반복해야 하는 것이다.

담당교수도 기대했던 결과가 나와 매우 만족한 표정이었다. 관해는 일시적으로 온 것을 의미하기도 하다. 그래서 다음 치료과정은 "공고과정"이라고 한다. 지금의 치료된 상태를 공고하게 다진다는 의미에서 붙인 이름이다. 공고과정을 3차례 마치면 병원 치료가 끝나는 것이다.

예상한 시기에 예상한 증상이 나타나고, 어떤 결과를 기대한 시기에 기대한 결과가 나타나면 의사는 경과가 좋은 것으로 판단한다. 회진을 올 때마다 경과와 앞으로의 예상, 그리고 치료계획을 설명한다. 그럴 때마다 정확하게 예상한 대로 모든 것이 나타난다. 전문가는 전문가구나 하는 생각을 한다.

성경에서 '죄'는 과녁을 빗나갔다는 뜻이다. 기대에 어긋났다는 것을 말한다. 하나님께서 우리에게 기대하고 있는 것이 있는데, 기대한대로 결과가 나오지 않으면 실망할 수밖에 없는 것이다. 이것이 바로 '죄'라는 것이다. 우리의 삶 가운데도 하나님께서 기대하시는 대로 그 결과가 나타난다면 얼마나 좋겠는가?

다시 입원하다

집에서 휴식을 마감하고 다시 입원을 하게 되었다. 이번 치료 과정은 "공고과정"이라고 한다. 1차 관해과정의 결과를 공고하게 다지기 위한 치료과정이다. 한 달 예정으로 입원 치료를 시작한다. 제일 먼저 준비한 것은 머리를 깨끗하게 민 것이다. 머리가 거의 빠져 차라리 깨끗하게 미는 것이 좋겠다고 해서 새 항암치료를 시작하기 전에 병원 지하에 있는 미용실을 찾았다. 이제야 암환자 스타일이 나오는 것 같다.

입원 기간을 함께할 친구로 헨리 나웬의 책을 한 권 가지고 들어왔다. 기도문이 마음에 와 닿았다.

"사랑과 선함의 바다이신 주님, 제가 매일의 삶에서 부닥치는 폭풍과 바람을 너무 두려워하지 않게 하여 주시고, 썰물이나 밀물이 있을지라도 바다는 여전히 바다로 있다는 사실을 알게 하여 주옵소서. 아멘."

타이밍이 딱 맞는 기도문이다. 어떤 상황을 만나도 두려워하지 않고 이겨나가기를 기도했다.

노염은 잠깐, 은총은 평생

아침 7시, 체중을 재자는 소리에 기상. 지난밤에는 잠깐 씩 두 번 정도 깨고 깊이 잤다. 속은 자주 불편했지만 그래 도 잘 잔 편이다. 소화에 대한 불안감에 소화제를 신청해 놓고 있다.

아침시편:

"그의 노염은 잠깐이요 그의 은총은 평생이로다. 저녁에는 울음 이 깃들일지라도 아침에는 기쁨이 오리로다" (시 30:5)

'마라'가 된 나오미를 '나오미' 되게 하신 하나님의 은총이 지금은 역경 중에 있지만 결국 변하여 하나님의 영광이 되 게 하시리라. 그러니 야고보서의 가르침대로 하나님이 나를 시험한다고 말하지 않는다(마라는 쓰다는 뜻이고, 나오미는 기쁨이라는 뜻이다).

바울은 모든 일에 감사하라고 했는데, 이런 상황에서도 감사할 수 있을까? 큰 병이지만 완치할 수 있으니 감사하고, 치료 경과가 좋으니 감사하고, 기도해주는 사람이 많아서 감사하고, 도와주는 가족들, 친지들이 있어 감사하다.

가족 간의 사랑이 공고함을 감사하고, 한결이는 잘 이겨주니 감사하고, 여름이가 씩씩하게 제 역할을 해주니 감사하다.

교회 일이 흔들림 없이 진행되어 감사하고, 너무나 많은 사람들이 기도해주니 그 은혜 넘치고 넘치게 감사하고, 하나님께서 세밀하게, 주도면밀하게 말씀으로 준비해주시고, 그 결과를 보여주시니 넘치게 감사하다. "넘치는 하나님의 은혜에 감사 또 감사합니다."

오후는 지루하다

아침시편:

"여호와를 바라는 너희들아 강하고 담대하라" (시 31:24)

오후는 정말 지루하다. 점심 먹고 잠이 와 잠시 누웠는데
깨어보니 3시, 여름이는 피곤한지 깨어나질 못한다. 약의
효과인지 이제 점점 무엇을 하기가 힘들다. 몸이 나른해지
고 가벼운 책을 읽는 것도 쉽지 않다. 음악도 들었다, 복도
산책도 하지만 시간이 가지 않는다. 저녁식사 시간, 이제
먹는 게 부담스럽다. 항암제의 영향이다.

저녁기도

아침식사, 간호사들의 카트 끄는 소리, 몸무게 재자는 소리, 피검사 하자는 소리…부산한 움직임 속에 5인실의 아침은 깨어난다. 조금 전까지 누워 자고 있던 환자들이 일어나자마자 아침식사를 한다. 생각해 보면 재미있는 풍경이다. 나도 그 속에 포함되어 있지만…다양한 치료가 진행되지만, 먹고 배설하는 가장 기본적인 것이 중요할 수밖에 없다.

아침시편:

"젊은 사자는 궁핍하여 주릴지라도 여호와를 찾는 자는 모든 좋은 것에 부족함이 없으리로다"   (시 34:9)

담당교수의 회진, 특별한 얘기 없이 잘하고 있다고만 하고 간다. 늘 밝은 표정, 결정력 있는 어투로 말을 한다. 전문성과 의사결정력이 장점으로 보인다. 신뢰감 충만. 항암제의 영향으로 약간의 구토증상을 겪은 것 빼고는 다소 지루했던 하루였다.

하나님, 오늘도 무사히 하루를 살았습니다.
이렇게 몸을 가지고 살고 있다는 것에 감사합니다.
하나님의 은혜입니다.
생명의 근원이신 하나님, 우리의 몸, 그 안에서 작동하고 있는 생명,
이 모든 것이 당신에게서 유래했음을 고백합니다.
의사 처방에 몸을 맡기고 있지만, 그러나 생명의 주인은 당신임을 고백합니다.
부활의 영이요 생명의 영이신 주의 영이 임하시기를 원합니다.
이 몸 안에 내주하시는 부활의 영이 이 몸을 회복시켜 주옵시길 빕니다.
육신은 연약해져도 영혼은 강하고 담대하게 하옵소서.
육신이 약해지면서 영적인 힘도 약해지려 합니다.
두려워 말고 믿기만 하라는 주님의 말씀,
하나님께서 나를 사랑하신다는 믿음을 잃지 않게 하옵소서.
이제 항암제에 따른 다양한 영향이 몸에서 일어날 것입니다.

당황하거나 두려워하지 않고 믿음으로, 주의 은혜로 능히 이기고 남게 하옵소서.

주의 영이 늘 함께하시기를 기도합니다.

아멘.

전대미문의 사타를 앞두고

아침시편:

1 여호와여 나와 다투는 자와 다투시고 나와 싸우는 자와 싸우
소서

2 방패와 손방패를 잡으시고 일어나 나를 도우소서

3 창을 빼사 나를 쫓는 자의 길을 막으시고, 또 내 영혼에게 나
는 네 구원이라 이르소서   (시 35:1-3)

3절의 표현이 재미있다. 다윗의 생각은 "전쟁은 하나님께
속한 것(대하 20:13)"이라는 생각과 일치한다. 다윗은 전쟁왕,
정복왕이었지만 그는 싸움을 하나님께 속한 것이라고 생각
했다. 이것은 신앙인들의 영적인 태도이다. 압도적인 재앙
이나 역경에서 뿐만 아니라 일상의 사소한 것까지 모든 것
에서 이런 태도가 필요하다. 이것은 무책임하거나, 대책 없
는 낙관주의가 아니다. 믿음은 바로 이런 태도를 기본적으

로 요구하는 것이다. 다윗이 듣고 싶었던 그 소리, "나는 네 구원이다"하시는 소리를 나도 듣고 싶다.

> 주님, 오늘도 당신의 은혜로 하루를 살았습니다.
> 이제 내일부터 면역력이 떨어지면 전대미문의 사태를 만나게 될 것입니다.
> 강하고 담대할 수 있게 하시고,
> 성령님이 함께하여 주옵소서.
> 몸과 영혼을 강하게 하여주옵소서.
> 할 수만 있다면 수월하게 지나게 하시고,
> 그렇지 못하더라도 잘 이겨내게 하옵소서.
> 이 밤도 주의 평화가 임하기를 원하오니
> 함께하여 주옵소서.
> 아멘.

회복의 말씀

아침시편:

여호와께서 사람의 걸음을 정하시고 그의 길을 기뻐하시나니 그
는 넘어지나 아주 엎드러지지 아니함은 여호와께서 그의 손으로
붙드심이로다

(시 37:23)

성경에는 회복에 대한 말씀이 지천이다. 시편은 편마다 회복에 대한 메시지다. 삶의 역경은 보편적인 사태다. 누구도 예외는 없다. 그러니 하나님과 백성들의 경험 속에 회복의 경험이 많을 수밖에 없다. 병상에서 읽는 성경 말씀이라서 더욱 눈에 띄는지 모르겠다.

하나님, 당신의 손으로 붙들어 주사 다시 일어나게 하옵소서. 아멘.

회진, 면역이 상당히 떨어졌다고 한다. 몸으로 느껴지는 건 없다. 아직 열이 오르지는 않고 있다. 면역이 더 떨어지는 대로 상황에 따라 대처할 계획이라고 말했다. TV에서는 설 귀성 소식을 전하고 있다. 병원에서 맞는 명절, 지난 크리스마스는 병원에서, 신정은 잠시 퇴원하여 집에서, 이번 설은 다시 병원에서다. 그러나 별다른 감회는 없다. 치료에 매진할 뿐….

설날 아침

아침기도:

고린도전서 13장에 근거해서, 믿음, 소망, 사랑이 더욱 굳건해
지기를….

설날 아침, 아내와 여름이가 분주하게 준비한 떡국으로
아침식사를 잘했다. 나 한사람으로 인해 많은 사람들이 고
생이다. 마음의 짐으로 느껴진다. 병에서 빨리 벗어나 보답
할 기회를 만들어야 할텐데…. 오늘도 면역력은 그렇게 많
이 떨어지지 않았다. 마치 '나이롱 환자' 같다. 이대로 수월
하게 치료가 끝났으면 하고 은근히 욕심이 난다. 이것은 정
말 욕심이다. 같은 병실의 환우들을 보면 정말 고생이 많다.
누구나 자기 병세가 힘들 것이다. 모두가 다 안쓰럽다. 하나
님, 이 방에 평화를 주소서.

면회객 폭주

아침시편:

속히 나를 도우소서 주 나의 구원이시여. (시 38:22)

화장실에 다녀온 후 깨어있다. 『날마다 드리는 기도』와 『다락방』으로 아침 묵상을 한다. 『다락방』 본문은 신명기 6장 4-9절, 쉐마 이스라엘이다. 이 본문의 메시지는 말씀을 항상 곁에 두라는 것이다. 말씀을 곁에 두라는 것은 항상 하나님에 대한 관심을 유지하라는 것이다. 하나님을 내 삶의 모든 순간에 함께하라는 것이다. 하나님은 내가 필요할 때만 불러서 사용하는 편리한 '지니'가 아니다. 오히려 하나님은 내 모든 삶의 순간에 항상 내가 바라보아야 할 대상이다. 이것이 마술과 믿음을 구분하는 기준이 될 수 있을 것이다. 하나님은 마술사가 아니라 믿음의 대상, '바라봄'의 대상이다. 오늘은 면회객 폭주다. 명절을 보내기 위해 모인 친지들이 대거 방문했다. 명절은 명절이다.

수혈 두 개, 면역 촉진제 처방.
아직 열은 오르지 않는다.

면역 수치 0에 도달하다

아침시편:

여호와께서 그를 병상에서 붙드시고 그가 누워 있을 때마다 그
의 병을 고쳐 주시나이다   (시 41:3)

드디어, 면역 수치 zero에 도달했다. 가장 조심해야 할
때가 된 것이다. 특별히 눈에 띄는 증상은 없다. 체온도 오
르지 않았다. 아직도 '나이롱 환자' 같다. 이대로 지나가기를
바라지만 뜻대로만 될지는 모르겠다. 하나님께 맡기는 수밖
에….

열이 오르던 날

항암치료에서 가장 힘든 것은 열과의 싸움이다. 면역 수치가 0이 되면 작은 감염에도 심각한 반응을 보인다. 그 반응은 바로 열, 체온으로 나타난다. 지난 1차 관해과정에서는 고열상태로 2주간을 고생했다. 다시 입원하면서 가장 원하는 것은 열이 오르지 않았으면 하는 것이다. 간호사에게 물으니 열이 오르지 않고 퇴원하는 사람도 있다고 한다. 희망사항이다.

열이 오르기 시작한다. 체온이 38선을 넘으려 한다.

37.9

곧바로 요원들이 투입되어 피검사하고, 소변검사하고, 항생제를 연결하고 대응하지만….

곧 체온은 38선을 넘고 만다. 이제 열과의 싸움이다.

다행히 피검사에서 원인균을 발견하고 적절한 항생제를 투약, 3일 만에 열을 잡았다. 이정도면 정말 아무 일 없이 지나간 것과 같은 것이다.

면역 수치 755

아침시편:

"우리에게 여러 가지 심한 고난을 보이신 주께서 우리를 다시
살리시며 땅 깊은 곳에서 다시 이끌어 올리시리이다. 나를 더욱
창대하게 하시고 돌이키사 나를 위로 하소서"   (시 71:21)

혈액검사 결과가 나왔다.

면역 수치 755.

모든 혈액 요소들이 좋은 수치를 보인다.

담당교수님은 이번 주말 쯤을 퇴원시기로 잡자고 한다.

오늘도 하루가 갔다. 모든 순간이 하나님의 은혜임을 느
낀다. 몸도 회복기에 들어섰다. 면역 수치가 올라가기 시작
했다. 여기 저기 불편했던 것들도 사라지고 있다. 물론 아직
도 완전한 몸 상태는 아니지만 하나님의 치유의 손길이 미

치고 있음을 느낀다. 잠시 무료하다는 생각을 하다가 반성했다. 물론 시간이 가지 않는 것이 사실이지만 그것을 지루하게 생각할 것이 아니라 이렇게 수월하게 치료가 진행되고 있는 것에 대해 감사할 일이다. 겸손, 겸손, 또 겸손해야 한다. 겸손은 치료에도 필요하다. 한없이 겸손해지는 연습이 필요하다. 주여, 자비를 베푸소서.

격리 해제

오늘 아침 기도문이 너무 좋았다.

『날마다 드리는 기도』 제9일 아침기도.

　"나의 모든 것을 정하신 하나님.

　내가 원하는 것을 다 성취할 수는 없습니다.

　하지만 내 안에서 당신이 원하시는 것은 당신이 나를 위해

　성취할 수 있습니다.

　왜냐하면 당신은 저를 사랑하시기 때문입니다.

　내가 원하는 선이 아니라,

　당신이 내 안에서 원하시는 선을

　내게 능력을 주시어 이루게 하옵소서."

격리해제, 5인실로 병실 옮기다.

입원 29일째

아침시편:

"너희는 택한 족속이요, 왕 같은 제사장들이요, 거룩한 나라요,
그의 소유가 된 백성…"   (벧전 2:9)

"하나님께 영광을 돌리는 방법은 그리스도를 사랑하고 따르는
사람들로서 그에 걸맞게 사는 것입니다"   (『다락방』에서)

오늘 밤을 자고 나면 퇴원이다. 입원할 때는 "언제 한
달이 가나"하고 오지만 벌써 한 달이 가고 퇴원할 날을
맞는다. 우리는 시간 속에서 살지만 그 시간을 지배하지
는 못한다. 이번 한 달의 입원은 은혜의 시간이었다. 이
렇게 수월하게 지나갈 수 있을까 생각할 정도로….

감사할 뿐이다. 하나님께서 어떻게 싸우시는 지 그 결
과를 보고 있는 것 같다. 면역 수치 1548

퇴원

오랜만에 집에 왔다. 입원을 위해 병원에 갈 때는 병원이
낯설다가, 퇴원을 해서 집에 올 때는 집이 낯설다. 그러나
집이 주는 정서적인 편안함을 느낀다. 아내와 여름이가 신
경을 많이 써서 집안 환경을 만들어 놓았다. 잘 쉬고, 좀
더 회복해서 다음 치료에 임해야겠다.

과거를 생각하면 후회가,
미래를 생각하면 염려가,
그러니 현재를 살아야 한다.
그 힘을 주소서.

이런 힘을 주소서

1인실에 격리 입원을 2주 정도 하게 되는데, 혼자 있는 시간이 많다. 간호사들이 드나들고, 가족들도 왔다 갔다 하지만 그래도 혼자 있는 시간이 많을 수밖에 없다. 정상적인 상태도 아닌데 혼자 시간을 보낸다는 게 결코 쉬운 일이 아니다. 정말 마음의 힘이 많이 필요하다는 걸 느꼈다. 어느 날 이렇게 기도했다.

현재를 사는 힘,
혼자 있는 시간을 보내는 힘,
절망하지 않고 되살아 오르는 힘,
인내가 필요할 때 참아낼 수 있는 힘,
긍정적인 결과를 믿고 기다리는 힘,
이런 힘이 제게 필요합니다.

병상 생활이 마치 영성훈련을 하는 것 같다.

기도의 네트워크에 접속하다

처음 입원했을 때 병실이 없어서 응급실에서 며칠을 보내야 했다. 어느 정도 진단의 윤곽이 잡히자 격리 입원실(2인실)로 자리를 옮겼다. 병실에 올라간 다음날 병원 원목실의 이종서 목사님이 방문을 했다. 제일 먼저 떠오른 생각은 어떻게 알고 오셨는가 하는 것이었다. 원목실에 환자에 관한 특별한 자료가 있는 것도 아닌데 말이다. 이종서 목사님은 감리교 목사님이셨고, 감신 선배셨다. 몸과 마음이 모두 힘든 상태였는데 목사님이 방문하셔서 위로해주시고 기도해 주시는 것이 얼마나 큰 힘이 되었는지 모르겠다.

여전히 궁금한 것은 어떻게 알고 이렇게 빨리 찾아 주셨느냐는 것이었다. 목사님의 답은 이렇다. 문은실이라는 후배가 있다. 은실이의 아버님도 감리교 목사님이신데 이종서 원목님하고는 아주 절친한 사이라는 것이다. 은실이 어머니에게서 전화가 왔는데 조현수 목사가 입원을 했으니 방문해서 기도해 주셨으면 좋겠다는 것이었다. 응급실에 있다가 병실로 입원을 하고 조금 정신을 차렸을 때 휴대전화를 이용해서 페이스북에 상황을 알리고 기도를 요청하는 글을 올렸다. 그러자 곧바로 이대길 목사님에게서 전화가 왔다. 나의 상황을 확인하기 위해서였다. 이 목사님은 감신 기독교교육과 동문회 카페에 글을 올렸고, 문은실 후배가 보게 된 것이다. 은실이는 바로 분당서울대학교 병원 원목이신 이종서 목사님을 생각했고 어머니를 통해 방문과 기도를 요청한 것이었다.

나에 대한 소식이 알려지자 기대하지 않았고 나는 잘 알지도 못하는 많은 사람들이 나를 위해 기도하고 있고, 도움을 주고 있다는 사실을 알게 되었다. 병상에서 외로움을 느끼고 있을 만도 한데 이런 소식들은 큰 힘이 되고 있다.

우리는 세례를 받을 때 세례를 받는다는 것은 세계 교회의 일원이 되는 것이라고 그 의미를 설명한다. 나는 지금 교회와 교파의 차이를 넘어서 수많은 이들의 기도를 받고 있다. 우리 이웃이나 나라 안에만 있는 것이 아니라 세계 도처에서 다양한 사람들의 기도를 받고 있다. 진정으로 기도의 네트워크를 통해 세계 교회의 일원임을 느낀다. 우리가 살고 있는 이 시대를 단절의 시대라고 한다. 그러나 우리는 신앙 안에서 영적인 네트워크에 접속하므로 무엇보다 뜨거운 관계 속에서 살아가고 있다. 영혼의 네트워크, 기도의 네크워크에 접속하기만 하면 이런 영적인 축복을 누릴 수 있는 것이다.

내가 누군가를 위해 기도할 때, 누군가의 기도 요청에 응답할 때, 내가 누군가에게 기도를 요청하므로 이 네트워크에 접속하게 되는 것이다. 우리는 어떠한 상황에서도 하나님의 사랑으로부터 끊어지지 않는다는 사실을 믿고 있다. 바로 이 은혜의 네트워크에 접속하기만 하면 되는 것이다.

어디서나 기독교인이다

교회에서 만나는 사람들은 모두가 거룩한 교인이다. 그런데 교회 밖으로 나오면 어떨까? 가정에서도 기독교인인가? 직장에서도 기독교인인가? 우리는 환경에 따라 다르게 행동한다. 교육의 결과라고 할 수 있겠다. 그 상황에서 어떻게 행동해야 하는지를 알고 있을 때 진정한 나의 모습은 감추어지고 교육받은 내가 드러나는 것이다. 이런 긴장이 없는 상황에서도 기독교인일 수 있다면 그는 진정한 기독교인이라 할 수 있을 것이다.

1인실 격리 입원이 해제되자 5인실로 옮기게 되었다. 병상마다 번호가 매겨져 있는데 나는 3호에 자리 잡게 되었다. 내 옆으로 두 개의 병상이 있고 건너편에 두 개의 병상이 있다. 퇴원을 하루 앞둔 주일 오후에 잠깐 낮잠이 들었는데 찬송가 부르는 소리에 잠을 깼다. 옆자리 2호의 교회에서

심방을 온 것이다. 찬송을 마치고 인도하는 목사가 기도를 하고, 성경을 읽고 설교를 했다. 설교하는 소리를 들으니 2호는 그 교회의 장로였다. 설교를 마치자 다시 찬송가를 부르는데 한 젊은 여자의 목소리가 찬송가를 조금 작게 불러달라고 말하는 것이었다.

그러자 갑자기 예배하는 사람들의 술렁거리는 분위기가 감지되더니 찬송가를 급히 끝내고 목사가 축도를 했다. 축도가 끝나자마자 2호가 짜증난 목소리로, 그 젊은 여자 목소리가 들으라는 듯, 등 두드리는 소리로 잠도 못 자게 하면서 찬송가도 부르지 못하게 한다고 소리를 질렀다. 그러자 젊은 여자 목소리가 "누가 찬송가 부르지 말라고 했나 조금 작게 불러 달라고 했지"라며 받아쳤다. 소동은 이렇게 잠깐으로 끝났지만 왠지 씁쓸한 느낌이 들었다. 여러 사람이 있는 병실에서 많은 인원이 와서 찬송가를 두 곡이나 부르며 예배를 인도한 목사도 요령부득이고, 장로라는 사람이 옆 환우의 어려운 상황을 알면서도 그렇게 짜증을 냈다는 것에 더욱 안타까움을 느낀다.

그 젊은 여자 목소리는 1호의 딸이었다. 부인이 일주일 내내 간호하다가 휴일이라서 딸이 교대해준 것이다. 1호는 상태가 너무 안 좋아서 하루 종일 침대에만 있고, 밤낮으로 등을 두드려 주어야 한다. 항암제의 부작용으로 구토증상을 자주 느끼고 몸도 답답해서 여기저기 두드려주는 것이다. 내가 너무 예민한 것인지는 몰라도 최소한 2호가 교회 장로라는 것이 드러났고, 예배드리는 상황에서 벌어진 일이라면 죄송하다고 하고 옆 환우의 어려운 처지를 이해하는 척이라도 해 주어야 한다고 생각했다.

우리가 기독교인이라는 것이 무엇인가? 내가 아무리 환자라도 나보다 더 힘든 옆 환우의 처지 정도는 살필 수 있어야 하지 않을까?

십계명의 세 번째 조항은 하나님의 이름을 그릇되게 쓰지 말라는 것이다. 여기서 그릇되게 사용한다는 말의 히브리어 원어는 '지니고 다니다'로 번역될 수 있는 말이다. 따라서 이 조항은 "하나님의 이름을 지니고 다녀라"로 번역할 수 있는 말이고, 그 의미는 하나님에 대한 평판은 우리가 어떻게 하나님의 이름을 '지니고 다니느냐'에 달려 있다는 것이다. 내가 기독교인이라면 나의 행동으로 인해 하나님에 대한 평판이, 예수님에 대한 평판이, 교회에 대한 평판이 결정된다는 사실을 알았으면 좋겠다.

과잉성찰증후군

지난해 11월 28일, 최악의 몸 상태에서 분당서울대학교
병원 응급실을 찾았다. 피검사 결과 피가 너무 모자란다고
하며 급하게 수혈을 시작했다. 그러면서 이것저것 문진을
하고 검사를 시작하면서 가장 의심되는 것이 백혈병이라고
했다. 병실이 없어서 바로 입원을 하지 못하고 응급실 병상
에 누워 있으면서 여러 가지 생각을 하게 되었다. 집사람과
가족들은 거의 절망적인 상태로 아무 말도 못하고 있었다.
면역력이 너무 약화되어 있어서 응급실에서도 격리실에서
하룻밤을 보냈다. 그 때 집사람과 이런저런 얘기를 하면서
왜 이런 병에 걸렸을까? 혹시 우리가 뭔가 잘못 살아온 게
아닌가? 무슨 큰 죄를 지어서 벌을 받는 건 아닌가? 하고
생각했다. 그러다가 검사 결과가 나오고 담당교수가 진단결

과를 알려주는 자리에서 말했다. 병명은 "급성 골수성 백혈
명입니다. 진단이 확정되었으니 치료를 시작하겠습니다."
우리는 더 궁금한 게 있었다. 왜 이런 병에 걸리는 겁니까?
교수는 원인을 알 수 없다고 했다. 그리고 대부분 나 같은
상태에서 병원을 찾는다고 말했다.

　　예수님 앞에 나면서부터 맹인인 사람이 구걸을 하며 앉아
있었다. 제자들은 이 사람이 누구의 죄 때문에 맹인으로 태
어났느냐고 물었다. 그러자 예수는 누구의 죄 때문이 아니
라 하나님의 일을 나타내기 위해서 라고 답했다. 유대인들
은 질병이나 삶에서 겪게 되는 역경들을 죄의 결과라고 생
각했다. 나면서부터 맹인으로 태어났다면 그가 죄 지을 여
지는 없었을 것이고 틀림없이 그의 부모나 조상 가운데 누
군가가 죄를 지어서 그 업으로 눈을 보지 못하게 됐을 거라
고 생각한 것이다.

　　사람들은 어떤 일을 당하면 "왜?" 라는 질문을 하게 된다.
이 왜라는 질문 속에는 "누구 때문에?" 라는 물음이 포함되
어 있는 것이다. 나도 처음 백혈병이라는 진단을 받았을 때
같은 질문을 했다. 이 질문은 타당한 것 같지만 자칫 쓸데없
는 죄책감에 빠지게 할 수도 있다. 담당교수가 원인을 알

수 없다고 했을 때 이 질문에서 벗어났다. 그러면서 기도의 방향을 바꿨다. 하나님, 이 일을 통해 당신의 능력과 영광을 보게 해 주십시오.

신앙을 가진 사람들은 지나친 성찰에 빠질 때가 있다. 그 결과 쓸데없는 죄책감을 가지게 되고 낙심에 빠질 때가 있다. "과잉성찰증후군"이라고나 할까? 성찰은 좋은 것이나 이것 역시 지나치면 원치 않는 부정적인 결과를 가져오는 것이니 지혜롭다 할 수 없을 것이다.

인생 대학원 4학기 과정

호스피스 운동의 창시자 엘리자베스 퀴블러 로스는 인생
의 목적을 배움에 있다고 했다. 우리는 무언가를 배우기 위
해 태어났다는 것이다. 인생은 바로 학교라는 말이다. 그녀
의 책 『인생수업』에서 말하기를 인생이라는 학교의 커리큘
럼은 '상실'이라고 했다. 사랑하는 사람을 잃거나, 소중한 어
떤 것을 잃을 때, 건강을 잃을 때, 우리는 그 경험을 통해
뭔가를 배우게 된다.

백혈병 진단을 받고 치료과정에 대해 설명을 들었다. 1차
치료는 관해과정으로 1개월 정도 소요, 관해가 오면 공고과
정을 3차례 하게 되는데 각 과정이 약 1개월 정도 소요된다
는 것이다. 1개월 정도 치료하고 집에서 2-3주 정도 휴식하
는 일정으로 진행된다는 것이다.

첫 번 치료과정(관해과정)은 워낙 몸 상태도 안 좋았고, 뭣 모르고 정신없이 지나갔지만, 몸 상태가 조금 회복되고 집에서 휴식을 가지면서 나를 돌아볼 여유를 갖게 되었다. 생각해보니 마치 치료과정이 4학기짜리 대학원 과정 같다. 한 달 치료하고 잠깐 방학처럼 쉬었다가 다시 한 달 기간으로 치료하고…인생이라는 학교에, 상실이라는 교육과정을 이수하고 있는 나는 지금 대학원 과정을 이수하고 있는 것이다.

2차 공고과정을 위해 입원을 기다리고 있는 지금은 이제 대학원 3학기를 준비하고 있는 것이다. 대학원 4학기 과정을 다 마쳤을 때 무엇을 깨달았는지, 무엇을 배웠는지 논문이라도 써야 할 것 같다.

그런 길은 없다

부활절을 앞두고 퇴원을 준비하며,

아무리 어둔 길이라도
나 이전에
누군가는 이 길을 지나갔을 것이고
아무리 가파른 길이라도
나 이전에
누군가는 이 길을 통과했을 것이다.
아무도 걸어가 본 적이 없는
그런 길은 없다.
나의 어두운 시기가
비슷한 여행을 하는
모든 사랑하는 사람들에게
도움을 줄 수 있기를.   - 베드로시안

내가 지금 지나고 있는 이 시기가 내가 처음 지나는 것이

아닌 것처럼 누군가는 또 이 길을 가게 되리라. 그러기 때문에 내가 보이는 행동 하나하나는 누군가에게 희망이 될 수 있는 것이다.

예수님이 걸었던 십자가의 길도 결국은 누군가 걸었던 길이고, 예수님 이후에도 수많은 사람들이 걸었고, 앞으로도 수많은 사람들이 그 길을 걷게 될 것이다. 그러나 예수님이 보여준 모습으로 인해 우리는 희망을 가질 수 있다. 어떤 어둠 속에서도 빛을 찾을 수 있게 되었다. 고난주간을 지나며 예수님이 걸었던 그 길과 그 길의 의미를 이 아침에 새겨본다.

오늘은 고난주간 중 예수님이 무덤에 있는 날이다. 고요하고 평화롭다. 세상 짐을 벗어 버리고 무덤 속에서 절대평화를 누리고 있는 것이다. 병원에서 만나게 되는 환우들을 보면서, 나 또한 질병을 치유하고 있는 가운데, 육신의 짐이 얼마나 무거운지 실감하고 있다. 예수님이 십자가를 지실 때 그 육신의 짐이 얼마나 컸겠는가? 그러나 오늘만큼은 그 짐을 내려놓고 안식과 평화에 드셨으니 우리 또한 고요한 평화를 누릴 수 있을 것이다.

부활 축일의 들뜸보다 오늘 누리신 평화가 더욱 실감난다.

왜 나에게 이런 일이

　압도적 재앙을 만난 사람들이 제일 먼저 떠올리는 물음이 아마 "왜, 나에게 이런 일이…" 일 것이다. 입원을 하면서 박완서 선생의 마지막 소설집 『기나긴 하루』를 가지고 갔다. 소설집의 첫 작품 "석양을 등에 지고 그림자를 밟다"는 자전적인 내용이다. 이 소설에도 그려진 그의 인생의 최대 사건은 아들의 이른 죽음이다. 그는 남편을 잃은 지 얼마 되지 않아 아들도 잃는 엄청난 일을 당하게 된다. 도무지 마음을 잡을 수 없어 여행도 다니고 수녀원에 들어가 피정을 하기도 했다. 그의 마음을 잡게 해 준 일화가 다른 에세이에 소개된 것을 읽은 적이 있다. 왜 내게, 하필이면 나에게 이런 일이 생겼냐며 하소연하는 소리를 들은 젊은 수녀가 말하기를 선생님은 왜 그런 일이 생기지 않을 거라고 생각했느냐, 다른 사람에게 생길 수 있는 일이 왜 당신에겐 일어나면 안 된다고 생각하느냐는 것이었다. 이 말을 듣고 선생은 정신을 가다듬을 수 있었다고 한다.

나에게만은 이런 일이 일어나지 않았으면 하는 바람은 자연스러운 마음이다. 하지만 나에게 일어난 일은 누구에게든지 일어날 수 있는 것이다. 나도 처음 백혈병 진단을 받았을 때 이런 마음을 가졌지만 이내 사실을 받아들일 수 있게 되었다. 그러면서 주위에 나와 같은 질병을 앓고 있는 사람, 치료 받고 건강하게 살고 있는 사람들의 이야기를 듣게 되었다. 나에게만 이런 역경이 찾아오는 것은 아니다. 그러니 특별히 억울해 할 필요는 없는 것이다. 사태를 수용하므로써 그 안에 포함된 하나님의 축복의 장치를 발견할 수 있는 것이다.

정말 환자가 많다

　질병은 이 시대의 보편적 현실이다. 병원에 와 보면 정말 환자가 많다는 사실을 실감하게 된다. 이번 3차 입원치료도 원래 입원 예정일은 3월 4일이었지만 병실이 나오지 않아 결국 9일에야 입원하게 되었다. 나는 비교적 장기 입원을 하는 편인데, 입원하고 있는 동안에도 끊임없이 환자들이 입원하고 퇴원한다. 외래 진료를 받을 때는 더욱 복잡하다. 수납하는 곳, 채혈하는 곳, 엑스레이 촬영하는 곳 어디 하나 밀리지 않는 곳이 없고, 담당 의사도 환자가 많아서인지 삼십 분, 한 시간 지연되는 것은 예삿일이다.

　정말 환자가 많다. 왜 이렇게 환자가 많은 것일까? 복음서를 읽다보면 예수가 마치 의사처럼 느껴진다. 그만큼 질병 치유 기사가 많기 때문이다. 성경공부 모임을 인도할 때마다 왜 예수님 이야기에는 질병 치유 이야기가 많은가 라는 질문을 받곤 한다. 다양한 답을 시도해 보지만 지금 생각해보니 쉬운 답이다. 그것은 환자가 많았기 때문이다. 당시에 예수님을 만난 사람들의 최대 관심사, 문제는 질병의 치유였을 것이다. 지금처럼 의료시설이 갖추어져 있던 때가 아니지 않은가?

예수님의 시대와 마찬가지로 지금은 "질병의 시대"라고 해야 할 것 같다. 단지 주위에 환자가 많아서가 아니라 인류 문명의 보편적인 현실이 질병이 된 것이다. 주위에 환자가 이렇게 많은 것은 문명이 병들었기 때문이다. 이제 우리의 관심도 치유에 머문다. 개인적 차원에서, 그리고 문명사의 차원에서 치유의 문제에 관심을 갖게 된다.

우리는 어떻게 하면 건강하게 살 수 있을까?

우리가 살고 있는 이 문명을 어떻게 하면 치유할 수 있을까?

고난은 생명의 현실

병상에서 보내는 고난주간은 특별하다. 예수님이 당한 고난은 시대와 상황에 따라 차이가 있겠지만, 인간이 겪게 되는 보편적인 현실일지도 모른다.

십자가의 죽음이 꼭 필요했을까? 자발적 수난이 아닌가? 등의 문제들이 제기 되지만 어떤 형태로든 고난은 '당하는 것'이다. 자발적 고난은 맞는 말이 아니다. 우리가 살아가면서 당하게 되는 고난들, 질병, 정치적 탄압, 경제적 어려움 같은 것들도 피치 못하게 당하는 것이다. 우리가 할 수 있는 것은 고난을 피하는 것이 아니라 고난을 당했을 때 어떻게 회복하느냐에 있는 것이다.

성경은 회복의 언어로 가득하다. 마치 당연하다는 듯 고난이 전제되어 있다. 이것은 시대를 뛰어넘는 인간의 보편적 현실이기 때문이다.

내 인생 최고의 고난을 지나고 있다. 모든 것이 은혜롭게 극복되고 있다. 그런데 그 가운데 내 힘으로 하고 있는 일은 별로 없다. 정말 은혜로 이루어지고 있는 것이다. 십자가와 부활을 묵상하며 우리의 생명 현실을 실감한다.

시간이 간다는 것

"그치지 않는 비는 없다."

요즘 눈에 띄는 광고 카피다.
어느 보험회사의 광고인데….

"이 또한 지나가리라!"

다윗왕에게 제출된 솔로몬의 지혜.
이제 입원치료의 끝을 바라보면서 그 힘든 시간들을 어떻게 보냈을까?
아득하다. 시간의 지배자인 하나님의 은혜가 아니곤 설명할 길이 없다.

"시간이 지나가는 것"

이보다 더한 은혜는 없을 것이다.

아직 오지 않은 시간을 걱정함

1950년대에 활약한 전설의 메이저리그 포수 요기 베라는 유명한 말을 많이 남겼다. 그가 남긴 말 가운데 가장 유명한 말은 "게임은 끝나기 전에는 끝난 게 아니다" 일 것이다. 그는 야구 경기의 속성을 통찰한 많은 말들을 남겼다. 내가 들은 가장 기막힌 통찰은 이것이다.

> "야구 경기는 아직 일어나지 않은 일에 대한 불안과의 싸움이고, 불길한 예감은 현실이 된다(정확한 문장은 아님)."

마운드에 오른 투수가 제 실력을 발휘하지 못하는 것은 '두려움'때문이다. 자신의 공에 대한 믿음을 가지고 타자를 이길 수 있다는 자신감을 갖기 보다는 안타를 맞을 것 같은 불안감, 두려움에 사로잡히는 경우가 더 많은 것 같다. 그러나 투수가 두려워하는 이런 현실은 아직 도래하지 않은 잠시 후의 시간, 사건에 대한 것이다. 어떤 결과가 올지 모르는 것이고, 실제로는 투수가 이기는 경우가 훨씬 많다. 그런데 대개의 투수들은 마운드에 오르면 이 사실을 잊고, 오지 않은 현실에 대한 두려움에 사로잡히게 되고, 그 불안은 곧 현실이 되고 마는 것이다.

오지 않은 시간, 일어나지 않은 사건에 대한 두려움에 사로잡히는 것은 나와 같은 치료중의 환우들에게 특히 심하게 나타나는 현실 같다. 그러니 우리에게 가장 필요한 것은 "현재를 사는 힘인 것이다."

병이 찾아와 고통스러울 때

병이 찾아와 고통스러울 때

병이란 것도 삶이 주는 경험인 것을 잊지 말라

그리고 마음의 동요가 어떻게 돌아가는가를

안으로 지켜봐라.

그리고 기계적인 반응을 살포시 벗어라.

그리고 찾아온 손님을 정중히 맞이하고,

며칠 지나서 정중히 보내라.

그 손님이 어째서 찾아왔는가를 헤아린

자는 현명하다.   - 곽노순

  지난 해 11월 말부터 시작해서, 이제야 병원 치료가 끝났으니 제법 긴 시간이 걸렸다. 지금에 와서 이 글을 읽으니 생각이 좀 정리가 된다. 처음 진단을 받았을 때 막막하기도 하고, 두렵기도 하고…온갖 생각들이 마음을 휘젓고 다녔다.

우리가 쉽게 경험하기 어려운 큰 경험인 것은 분명하다. 아직도 이 손님이 어째서 나를 찾아왔을까를 헤아려 보고 있다. 마치 대학원 과정 같다고 비유해서 생각해 보았는데, 정말 비싼 수업료를 내고 대학원 과정을 마친 기분이다. 무언가 배움이 있어야 할 텐데….

사람은 다 때가 있는 법

한 사람이 목욕탕을 새로 열었다. 그런데 일주일이 다 가도록 손님이 없는 것이다. 종업원이 마당을 쓸던 주인에게 걱정을 한다.

"사장님, 일주일이 다 가도록 손님이 없으니 어떻게 하죠?"
"걱정마라. 사람은 다 때가 있는 법이다."

어제 드디어 온몸 샤워를 했다. 작년 11월 28일 응급실에 들어간 이후 거진 7개월 만의 일이다. 항암제 주사를 위해 가슴에 있는 혈관에 "히크만"이라고 불리는 혈관을 삽입하느라 시술을 했기 때문이다. 사흘에 한 번 소독을 하고, 감염이 되지 않게 특별히 신경을 썼는데, 치료결과 이제는 소용이 없어졌고, 제거하는 시술을 받고 상처도 아물어 드디어 샤워를 할 수 있게 된 것이다. 그새에도 테이핑을 하고 조심해서 샤워를 해도 되었을텐데 굳이 그렇게 하지 않았다.

내가 너무 소심해서…

참 때가 많다. 밀어도 밀어도 계속 나온다. 힘들어서 한 번에 다하지 못하고 내일 몫으로 남겨 놓는다. 굳이 한 번에 다할 이유가 없다. 어차피 때는 다시 끼는 법. 피부의 일부로 삼고 불편 없이 생활한다.

"사람은 다 때가 있는 법이니까?"

엔트로피 낮추기

입원치료를 마친지 한 달이 조금 넘었지만 아직도 몸 상태는 치료중이다. 요즘 더위는 집안에 가만히 있어도 견디기 쉽지 않다. 가장 큰 문제는 무엇이든 집중하기 어렵다는 것이다.

물리학 용어 가운데 '엔트로피'라는 것이 있지. 우리말로는 '자유도'라고 번역한다. 어떤 물질이든지 에너지를 갖게 되는데 사용하다보면 자유도가 높아지게 된다. 이것이 엔트로피인데 엔트로피가 너무 높아지면 더 이상 사용할 수 없게 되는 것이다. 에너지가 제로가 되기 때문이다.

심리학에서도 이 용어를 차용해서 '마음의 엔트로피'라는 개념을 사용한다. 우리의 마음도 어떤 이유로 해서 자유도가 높아지면 사용할 에너지가 줄어들어 힘을 발휘할 수 없게 된다. 엔트로피가 높은 상태와 정반대되는 상태가 '몰입'

이다. 무엇이든 성과를 내기 위해서는 '몰입'이 필요하다. 몰입은 아니라도 집중은 되어야 무엇을 할 수 있다.

누가복음 21장 34절에서 예수는 이렇게 말하고 있다.

"너희는 스스로 조심하라 그렇지 않으면 방탕함과 술취함과 생활의 염려로 마음이 둔하여지고 뜻밖에 그 날이 덫과 같이 너희에게 임하리라."

아마 이 말씀이 "영적인 엔트로피"의 개념을 말하고 있는 것 같다. 엔트로피를 높이는 원인으로 '방탕함, 술취함, 생활의 염려'를 지적하고 있다. 특히 생활의 염려가 영적인 엔트로피를 높인다는 말이 인상적이다. 무더위가 마음의 엔트로피를 높이고 있다. 각종 생활의 염려가 마음의 엔트로피를 높이고 있다. 물리적인 엔트로피는 높아지면 낮아지는 법이 없지만, 마음의 엔트로피는 다시 낮출 수가 있다. 마음의 엔트로피를 낮추기 위해 뭔 수를 내야 할 것 같다.

모범수 같다

작가 이윤기 선생은 머리를 짧게 깍은 자신의 모습을 보면서 "갓 출소한 비전향 장기수"같다고 했다. 지금의 내 모습은 "가석방으로 출소한 모범수"같다고 생각했다.

Part 3

성찰의
계기

앙리 프레데릭 아미엘(1821-1881)은 병약한 사람이었다. 그는 독신으로 살았고 철학교수로 평생을 가난하게, 눈에 띄는 활약도 없이 살았다. 그는 병약한 몸으로 언제 죽을지 모른다는 생각으로 살았고, 평생에 걸쳐 일기를 썼다. 그가 죽었을 때 1만7천여 페이지의 일기가 남았고, 그 일기 속에는 철학과 종교에 관한 주옥같은 사색의 열매가 열려있다.

그가 39세에 일기에 이렇게 쓰고 있다.

"아집을 버려야 한다. 그리고 자신의 생애를 뒤돌아봐야 한다. 이것이 병이 주는 가르침이다. 네가 해야 할 일을 되도록, 빨리 하라. 다시 삶의 수레바퀴로 돌아가 너의 의무를 명심하고 출발하도록 하라. 이것이 바로 너의 양심과 이성이 부르짖는 외침이다"(『아미엘의 일기』 182쪽).

병을 깊이 앓아본 사람이라면 공감할 것이다. 특히 자신의 생애를 뒤돌아보게 되는 게 병이 주는 가르침이라는 대목이 그렇다. 수없이 뒤돌아보고 내다보게 된다. 백혈병은 나에게 성찰의 계기를 주었다. 여기 글들은 골수 이식 후 조금 회복이 되면서 병이 주는 가르침을 정리하느라 쓴 것들이다.

1

기다림은
현재를 사는
힘

"만약 네가 오후 네 시에 온다면 난 세 시부터 행복해지기
시작할 거야. 시간이 흐를수록 난 점점 행복해지겠지. 네
시에는 흥분해서 안절부절하지 못할 거야. 그래서 행복이
얼마나 값진 것인가 알게 되겠지!"

쌩떽쥐뻬리의 『어린왕자』 가운데 한 대목이다. 무언가
좋은 것을 기다리는 흥분된 순간을 그리고 있다. 그리고 좋
은 것은 기다림을 통해 더욱 값지게 느껴진다는 말인 것 같
다. 우리가 무언가를 얻었을 때 진정 그 가치를 느끼기 위해
서는 기다림을 거쳐야 한다는 것이기도 하다. 기다림은 아
름답기만 한 것은 아니다. 때로 기다림은 고통스러운 과정
이기도 하다.

구약성경에서 출애굽기를 읽을 때마다 떠오르는 물음 가

운데 하나가 불과 며칠이면 당도할 거리를 40년이나 걸려서 들어갔느냐 하는 것이다. 지금의 팔레스타인까지는 교통편이 없던 옛날에도 걸어서 불과 며칠이면 도달할 수 있는 거리다. 이 거리를 이스라엘은 40년이나 걸려서 도달했다. 이것은 하나님께서 이스라엘 백성들을 자기의 백성으로 삼기 위한 훈련의 과정이라고 일반적으로 이해하고 있다. 그러면 그들에게 무슨 훈련을 시키신 것일까? 그것은 기다리는 훈련이 아니었을까?

한국 사람들은 '빨리 빨리'를 입에 달고 산다. 사람마다 개인차는 있겠지만 유난스러울 정도로 빨리 결과가 나오기를 원한다. 그러나 대부분 좋은 결과는 사람을 오래 기다리게 한다. 선배 목사님이 설교 시간에, 하나님의 시계는 달팽이처럼 간다고 해서 웃었던 적이 있다. 하나님은 시간이 많으시기 때문에 급하실 이유가 없기 때문이라는 것이다.

나는 모든 게 느리고 급한 일이 없는 사람이다. 아내는 반대로 급하고 결과를 빨리 보기를 원하는 유형이다. 아내는 나를 향해 늘 속이 터진다고 한다. 인간은 하나님을 향해 늘 속이 터진다고 호소하게 된다. 이스라엘 백성들은 조금만 어려움을 만나도 기다리지 못하고 이집트에서의 익숙한 생활을 그리워하며 하나님께 속이 터진다고 하소연 했다. 차라리 뒤로 돌아갔으면 좋겠다고 했다. 기다림은 어려운 일이다. 그러나 기다림은 매우 강력한 힘을 가지고 있다. 20세기의 신학자 위르겐 몰트만은 기다림에 대해 이렇게 말하고 있습니다.

> "기다림은 삶을 행복하게 만든다. 왜냐하면 기다리는 사람은 자신의 현재를 전부 받아들일 수 있기 때문이요, 행복 속에서만 기뻐하지 않고 고난 속에서도 기뻐할 수 있으며, 행복 속에서만 행복해하지 않고 고통 속에서도 행복해할 수 있기 때문이다. 실로 희망은 행복과 고통을 뚫고 나간다" (위르겐 몰트만, 희망의 신학)

병원에 오래 입원하면서 어려운 일들이 많았지만 그래도 참고 견딜 수 있었던 것은 의사의 한마디 때문이었다. "이 병이 어려운 병이긴 하지만 완치를 목표로 치료할 수 있는 병입니다." 치료될 수 있다는 희망이 있기에 현재의 어려운 검사나 항암제 치료, 지루하고 힘든 입원 생활을 견딜 수 있었던 것이다. 병실에서 만났던 환우들 가운데 유난히 힘들어 하거나, 치료를 포기하려고 하는 사람들은 대부분 결과가 불확실한 경우다. 치료할 때마다 너무 힘들어 하던 한 환우는 완치될 수 있다는 의사의 말이 아니었으면 벌써 포기했을 거라는 말을 밥 먹듯이 하면서 버틴다. 믿음은 좋은 결과를 기대하는 것이다. 이런 기대가 있을 때 기다리는 힘이 생기는 것이고, 기다림은 희망을 갖게 한다. 그리고 그 희망은 현재를 뚫고 나가는 힘인 것이다.

2

새물내

항암치료의 가장 흔한 부작용은 머리카락을 비롯한 몸에 있는 모든 털이 빠지는 것이다. 나도 예외 없이 모든 털이 빠졌다. 병원치료를 마치고 어느 정도 회복되었을 때 친구들을 만나니 모두가 머리를 보면서 많이 좋아졌다고 하며 반가워했다. 머리카락이 얼마나 났느냐를 보고 회복 여부를 판단하는 것이다. 그러면 나는 이렇게 말한다. "이거 다 새거야!" 사실 그렇다. 모두 빠졌다 새로 났으니 새 것이다.

병원에 입원해 있을 때 텔레비전에서 재미있는 말을 배웠다. 그것은 '새물내'라는 말이다. 옛날 빨래터에서 빨래를 해 널기 위해 가지고 나올 때 빨래에서 나는 냄새가 바로 새물내라고 한다. 빨래를 해 깨끗해진 물건에서 나는 신선한 냄새를 이르는 말이다. 시골에서 자란 사람들은 그 냄새를 기억해 낼 수 있을 것이다. 이런 생각을 해 본다. 모든 것이 새로 나니 나에게도 이제 새물내가 날까?

기독교인으로 살면서 마음에 가지고 있는 물음 가운데 하나가 기독교인은 어떤 존재인가? 하는 것이다. 기독교인은 누구냐? 우리는 어떤 사람이어야 하는가? 하는 것이다. 어느 목사님은 이렇게 멋진 정의를 내렸다. 기독교인은 "늘 새롭게 되고 새롭게 하는 사람이다." 내가 들은 기독교인의 정의 가운데 가장 맘에 맞는 말이다.

바울은 "우리는 새로운 피조물" 이라고 했다. 예수를 믿는다는 것은 예수를 만나 새로운 존재로 다시 태어나는 것을 말한다. 새로운 사람이 되는 것이다. 그러니 그에게서는 당연하게 '새물내'가 나야 하는 것이다. 그런데 우리 현실에서는 어떤가? 교회가, 기독교인들이 어떤 냄새를 풍기고 있는가? 새물내는커녕 구정물 냄새만 풍기고 있지는 않는가? 우리사회가 썩어가는 데는 기독교인들의 책임이 크다. 왜냐하면 기독교인의 수가 우리사회를 열 번은 구원하고도 남을 만큼 많기 때문이다.

나는 본의 아니게 새로 태어나게 되었다. 몸만 다시 태어나는 것이 아니라 전체적으로 새로워지기를 소원한다. 나에게서 정말 새물내가 났으면 좋겠다. 그러기 위해 병을 주시지 않았을까? 한강이 그 많은 오염원에도 불구하고 생명을 유지하고 있는 것은 보이지 않는 작은 샘에서 끊임없이 새

로운 물이 공급되기 때문이다. 내가 그런 작은 샘, 생명의
샘으로 다시 나기를 기도한다.

3
유예
받은
시간

 메이저리그 중계를 보다가 재미있는 말을 들었다. 해설가가 한 말인데, 선수가 아무리 해도 이길 수 없는 상대가 있다는 것이다. 그것은 바로 심판이다. 그러고 보니 선수가 심판을 이기는 경우를 본적이 없다. 우리에게도 도저히 이길 수 없는 심판이 있다. 그것은 시간이다. 우리는 시간 안에서 살고 있다. 시간은 우리가 아무리 해도 이길 수 없는 심판과 같은 것이다.

 미국의 작가 앤 라모트는 『우리를 살아가게 하는 것들』에서 "이건 우리가 이길 수 없는 게임"이라고 한 게 있다. 그것은 외모를 위한 노력을 말하는 것인데, 왜 이길 수 없는 게임이냐 하면 시간 때문이다. 시간이 흘러가는 것을 막을 수 없기 때문이다. 그래서 그녀는 자신의 외모를 그냥 받아들이게 되었다고 한다.

고은 시인은 그의 73년 4월 27일(금) 일기에 이렇게 적었다.

"세월은 누구하고 싸우는 일 없이 늘 이긴다.
시간! 이 대적할 수 없는 악마."

이 대적할 수 없는 악마는 그리스 로마 신화에 나오는 크로노스(chronos)다. 크로노스(chronos)는 시간을 상징하는 신이다. 크로노스는 하늘의 신 우라노스와 땅의 신 가이아 사이에 태어난 여섯 째 아들이다. 우라노스가 지배하던 시대에 어머니 가이아와 계획하고 아버지를 거세한 다음 새로운 시대의 지배자가 된다. 크로노스는 레아와 사이에 다섯 남매를 낳았다. 그런데 괴상하게도 아내 레아가 자식을 낳는 즉시 삼켜버리는 버릇이 있었다. 그리고 크로노스는 항상 낫을 들고 다녔다. 크로노스의 여섯 째 아들이 우리가 잘 아는 제우스다. 레아가 제우스를 낳을 때 크로노스를 속이고 숨겨서 길러내게 된다. 이 제우스가 크로노스를 이어서 다음 세대를 지배하게 되는 것이다. 이윤기는 크로노스를 해석하면서 이렇게 설명하고 있다.

"크로노스는 왜 낫을 가지고 다녔던 것일까? 크로노스는 왜 아내가 낳는 족족 자식을 삼켜 버렸던 것일까? 크로노스는 '시간', 즉 세월이라는 뜻이다. 크로노스의 모습이 종종 모래시계와 함께 그려지는 것은 바로 이 때문이다. 이 신의 이름 크로노스는 시간과 밀접한 관계가 있는 단어 '크로니클(chronicle, 연대기)', '크로노미터(chronometer, 시계)', '크로노메트리(chronometry, 시간측정법)' 등에 아직까지도 남아 있다. 크로노스가 자식을 삼킨다는 것은, 세월은 이 땅에 태어나는 모든 것을 삼켜 버린다는 잔혹한 자연의 진리를 상징한다. 크로노스가 낫을 들고 다니는 것도 마찬가지다. 크로노스는 시작이 있는 모든 것을 끝나게 한다. 크로노스가 들고 다니는 거대한 낫은 크로노스가 지닌, 시작이 있는 모든 것을 끝나게 하는 자연의 법칙을 상징한다"

(이윤기, 그리스 로마 신화)

내가 백혈병을 치료하면서 얻은 것 가운데 하나가 시간에 대한 개념이다. 골수이식을 받고 면역력이 회복되자 얼마 있지 않아 퇴원을 하게 되었다. 골수이식은 이식 후 회복하는 과정이 중요하고 그만큼 힘들다. 이식한 조혈모세포가 자리를 잡고 제 기능을 하기까지 몸에서 다양한 문제가 발생한다. 그래서 퇴원은 하지만 정기적으로 병원을 드나들며

검사와 치료를 병행하게 된다. 처음 퇴원해서는 일주일에 한 번 검사를 하게 되고, 일정한 기간이 지나면 2주에 한번, 그 다음에는 4주에 한번 검사를 하게 된다. 진료실 앞에서 다른 환자를 보며 부러웠던 것은 "6개월 후에 오세요"라는 말을 듣는 것이었다. 지금은 8주에 한번 검사를 하고 있다.

이러한 생활을 반복하면서, "유예 받은 시간"을 살고 있다는 것을 깊이 느꼈다. 담당 의사가 2주후에 보자고 한다. 진료실을 나서면서 안심을 한다. 한 2주 동안은 말이다. 나에게 2주의 시간이 주어진 것 같다. 그런데 검사일이 다가오고 결과를 기다리며 진료실 앞에 서면 또 불안해 진다. 나에게 얼마의 시간이 남았을지 모르는 상황이기 때문이다. 그러다가 4주후에 보자고 하면 큰 선물을 받은 것처럼 가벼운 마음으로 돌아온다. 그리고 그 기간 동안은 안심하며 생활한다. 나에게 4주의 시간이 주어졌다고 느끼는 것이다. 여전히 그 이후 얼마의 시간이 나에게 주어질 지 알 수가 없는 상태에서 말이다. 우리는 그저 "유예 받은 시간"을 살고 있는 것이다. 그 시간이 얼마일지 모르는 상태에서 말이다.

아우구스티누스는 그의 『고백록』에서 하나님은 영원하시고 우리는 시간 안에서 살고 있다고 했다. 그러면서 "당신의 연대는 항상 오늘입니다"라고 고백하고 있다. 하나님은 영원하시기 때문에 그의 시간은 언제나 오늘이다. 우리는 흘러가는 시간 속에 나날이 변해가지만 하나님은 언제나 오늘이시라는 것이다. 우리가 하나님과 함께 산다는 것은 오늘을 사는 것이다. 오늘을 어떻게 사느냐? 이것이야 말로 우리에게 주어진 중요한 숙제가 아닐까? 시인 라이너 마리아 릴케의 어른들을 위한 동화, 『골무가 하느님이 된 이야기』에서 그 실마리를 찾을 수 있을 것 같다.

서로 깊이 사랑하는 두 사람이 있었다. 그들은 번잡한 도시를 떠나 한적한 들판에 집을 지었다. 이 집에는 문이 두 개가 있는데, 하나는 왼쪽에, 그리고 다른 하나는 오른쪽에다 냈다. 오른쪽은 남자의 문으로 그가 가진 모든 것은 그 문을 통해 들어오게 되어 있었다. 왼쪽은 여자의 문이었다. 그녀가 사랑하는 모든 것이 그 문을 통해 들어오게 돼 있었다. 그들은 그렇게 살았다. 아침에 먼저 일어난 사람이 아래로 내려가서 자기 문을 열었다. 밤늦게까지 많은 것들이 안으로 들어왔다.

받아들일 줄 아는 사람들의 집안으로는, 풍경과 빛과 향기가 실린 산들바람과, 그 외에 많은 것들이 들어오는 법이다. 이렇게 즐거운 생활이 오랫동안 지속되었다. 그리고 두 사람은 행복했다.

그런데 어느 날 아침, 먼저 열린 문 앞에서 기다리고 있던 것은 죽음이었다. 남자는 죽음을 알아보고서 재빨리 문을 닫아버렸다. 그리고 하루 종일 문에다가 빗장을 질러놓았다. 시간이 좀 흐른 뒤에 죽음은 왼쪽 문 앞에 나타났다. 여자는 몸을 떨면서 문을 쾅 닫고는 커다란 빗장을 질러버렸다. 그들은 그 일에 대해서 서로에게 아무 말도 하지 않았다. 그들은 거의 문을 열지 않았고, 집안에 남아 있는 것으로 살아가려고 했다. 점점 궁색해졌다. 식량은 줄어들고 근심은 늘어갔다. 두 사람은 밤에 잠을 이루지 못하고 시달렸다. 이상한 발자국 소리와 문을 두드리는 소리가 들렸다. 누군가 그 중간에다 새 문을 만들려고 벽을 부수기 시작한 것 같은 소리였다. 두 사람은 아무것도 눈치 채지 못한 것처럼 모른 척했다. 그들이 완전히 지쳐 버리자, 벽을 부수는 것 같던 소리도 그쳤다. 두 개의 문은 언제나 닫혀 있게 되었고, 두 사람은 감옥에 갇힌 죄수들처럼 살게 되었다.

톨스토이의 말을 주목해 본다.

> "메멘토 모리(Memento Mori), 죽음을 기억하라! 우리 모두 언젠가 죽게 된다는 사실을 기억한다면 삶은 전혀 다른 의미를 가지리라. 30분 후에 죽을 거라고 생각하는 사람은 어리석은 행동을 하지 않는다"
>
> (톨스토이, 『살아갈 날들을 위한 공부』, p.26)

릴케의 이야기는 여자가 문을 열었을 때, 처음으로 죽음을 마주하는 장면에서 또 다른 이야기를 하고 있다. 여자는 죽음을 본 적이 없었다. 그녀는 아무것도 모른 채 죽음을 안으로 들어오도록 했다. 죽음은 그녀에게 "이걸 당신 남편에게 주시오"하면서 작은 자루를 건넸다.

"그건 씨앗이오. 아주 좋은 씨앗이지요."

여자가 이게 무어냐는 눈으로 그를 바라보자 이렇게 말하고 급히 가버렸다. 여자는 생각했다.

"씨앗은 불완전한 거야. 미래에 속한 것이지. 그 씨앗이 앞으로 뭐가 될지 아무도 알지 못해. 이 볼품없는 알갱이들을 남편에게 주지 말아야겠다."

여자는 씨앗을 정원 꽃밭에 심었다. 그리고 아무 일도 없었던 것처럼 일상으로 돌아갔다. 그들은 다시 문을 열었다.

이듬 해 봄, 꽃밭에는 덤불이 솟았다. 덤불을 이룬 잎은 좁고 거무스름했으며, 월계수 잎처럼 뾰족한 이파리 표면에는 독특한 광택이 있었다. 남자는 매일 그 덤불이 솟은 까닭을 묻고 싶다. 그러나 그는 묻지 않고 참았다. 그들은 덤불을 정성을 쏟아 가꾸었다. 세 번의 봄이 지나갔다. 어느 고요히 빛나는 아침 정원으로 나갔을 때 그들은 보게 되었다. 이상한 덤불의 검고 뾰족한 이파리들 사이로 연푸른 꽃이 비좁은 봉오리를 뚫고 상처 하나 없이 솟아나온 것을.

그들은 말없이 함께 꽃 앞에 서 있었다. 그들은 그 어린 꽃의 향기를 음미하기 위해 함께 몸을 구부렸다. 그리고 그날 아침 이후로 이 세상에서는 모든 것이 달라졌다.

J.J.루소는 산다는 것에 대해 이렇게 말하고 있다.

> "산다는 것, 이것은 숨 쉬는 것이 아니다. 그것은 활동하는 것이다. 그것은 우리의 기관들과 감각들과 능력 등 우리에게 생존해 있다는 의식을 부여하는 우리 인간의 모든 부분을 활용하는 것이다. 가장 많이 산 사람이란 가장 많은 연륜을 헤아리는 사람이란 뜻이 아니라 가장 많이 삶의 보람을 느낀 사람이라는 뜻이다. 세상에는 백년을 살고도 태어나자마자 죽은 것이나 다름없는 사람이 있다. 가령 젊어서 죽게 되었다 하더라도 그때까지 참되게 살았다면 그때까지는 훌륭하게 인생을 산 것이 되었으련만"
>
> (J.J. 루소, 『에밀』, p.28)

그렇지, 사는 것처럼 살아야지.

4

누가
한
일인가?

마지막 입원 때 일 것이다. 항암제를 맞고 면역 수치가 떨어지기를 기다리며 5인실에 있을 때였다. 아침 회진 때 교수가 이렇게 말했다. "어떻게 이렇게 잘하세요…."

관해과정 때는 힘들었지만 공고 1,2차 과정을 별 탈 없이 잘 지냈고, 마지막 입원 치료 과정을 진행하고 있는데도 큰 어려움 없이 경과가 좋다는 뜻에서 한 말이다. "어떻게 이렇게 잘하세요"라는 말은 내가 무언가를 잘해서 경과가 좋다는 뜻인데 사실 내가 한 일은 없다. 나는 교수의 말을 들으며 겉으로는 그냥 웃었지만, 속으로는 "그렇죠…"하고 생각했다.

처음 발병해서 지금 이 시간까지, 입원 치료를 마치고 회복하고 있는 지금까지, 사실 내가 한 일은 없다. 병을 진단하고 적절한 치료를 한 것도, 하루하루 생활하는 모든 것을 수발한 것도, 치료와 생활에 들어가는 경제적인 모든 것도, 알게 모르게 가까이서 멀리서 기도한 것도, 사실은 내가 한 일이 없다. 내가 한 일이라고는 견디는 것뿐이었다. 그렇게 하루가 가고 이틀이 가고, 한 달이 가고 두 달이 가고, 병이 치료되고 있다. 이 모든 게 하나님의 은혜라고 밖에 설명할 길이 없다. 물론 결과가 다르게 나왔을 수도 있다. 그러나 어떤 결과가 나오든지 내 힘으로 하는 것이 아니라 섭리로, 은혜로 이루어짐을 고백한다.

> 주께서 앞뒤를 둘러싸 막아 주시고,
> 내게 주의 손을 얹어 주셨습니다.
> 이 깨달음이 내게는 너무 놀랍고 너무 높아서,
> 내가 감히 측량할 수조차 없습니다. (시 139:5-6)

5

빛의
자녀라
그래!

　내가 어릴 때만 해도 한국 교회에는 이런 분들이 있었다.
전국을 떠돌아다니며 전도를 하는데 일정한 거처가 없이 지
역의 교회들을 거점 삼아 다니는 분들이다. 아멘 할머니가
바로 그런 분이었다. 아멘 할머니는 우리 교회에 오시면 우
리 집에서 머무시곤 했다. 할머니와 어머니가 반갑게 맞아
주시고 대접했기 때문이다. 이 할머니가 아멘 할머니가 된
데는 재미있는 일화가 있다. 교회에서 부흥회를 하고 있었
는데 강사 목사님이 말씀을 할 때, 말끝마다 큰 소리로 "아
멘!"을 외치는 것이었다. 강사 목사님은 말씀의 흐름이 깨진
다고 웃으며 "할머니 아멘 좀 자제해 주세요!" 라고 말했다.
그러자 할머니는 "아멘!"으로 화답하셨다. 말만하면 아멘을
외치시는 할머니는 이때부터 아멘 할머니로 불리게 되었다.
　고등학교를 졸업하고 재수생 신분으로 두 번째 대학입학

시험을 치를 때 일이다. 입시 추위가 대단하던 시절, 그 날도 꽤 추운 날이었다. 시험을 마치고 집에 돌아오니 아멘 할머니가 와 계셨다. 시험 마치고 집에 오니 할머니, 어머니와 함께 나를 맞아주셨다. "시험 보느라 고생했다. 그래 춥지는 않았니?" 어머니의 말씀에 "볕이 잘 드는 자리에 앉아서 그리 춥지 않았다"고 말씀드리자 아멘 할머니께서 이러셨다. "빛의 자녀라 그래!"

병원에 입원할 때면 5인실로 들어갔는데 항상 어떤 자리에 가게 되는지가 관심사다. 역시 제일 좋은 자리는 창가 자리, 아니면 안쪽 끝자리, 한 쪽은 벽으로 확보되어 있는 자리를 선호한다. 대개의 환우들이 그렇다. 마지막 네 번째 입원했을 때 아내가 이런 말을 했다. "우리는 늘 좋은 자리를 차지하는 편이야. 그렇지?" 그러고 보니 정말 대체로 좋은 자리에 입원했던 것 같다. 그래서 아내에게 말했다. 옛날 아멘 할머니가 말씀하신대로 "빛의 자녀라 그런가 보지?"

"빛의 자녀가 되어라"   (예수, 요 12:36)

"여러분이 전에는 어둠이었으나, 지금은 주님 안에서 빛입니다. 빛의 자녀답게 사십시오"   (바울, 엡 5:8)

6

타작마당에서

　가을은 추수의 계절이라고 한다. 그러나 도시에서는 추수의 계절이라는 말이 실감이 나질 않는다. 가을의 맛은 시골에서가 제격이다. 농촌에서 자라서 그런지 가을하면 어렸을 때 경험했던 타작마당이 제일 먼저 기억난다. 집에서 아이들과 타작마당에 대해 이야기 했더니 아예 타작이라는 말을 모르고 있는 것을 발견하고는 정말 세대차를 실감했다. 타작은 곡식을 턴다는 말인데, 곡식을 줄기째 베어다가 알갱이를 털어내는 것을 타작이라고 한다. 깨나 콩, 조금 늦은 가을에는 벼를 베어다 집 앞마당에서 타작을 했다. 요즘은 시골에 가도 이런 타작마당을 볼 수 없을 것이다. 정미소에서 다 이루어지기 때문이다.

　타작이 한창일 때는 이른 새벽부터 동네 아저씨들이 집집을 돌아가며 타작을 했다. 이른 새벽에 마당에서 들리던 시끌시끌한 사람들의 소리와 탈곡기가 돌아가는 소리는 지금도 귀에 쟁쟁하다. 벼는 양이 많으니까 탈곡기를 쓰고 콩이나 깨는 바짝 말려서 멍석에 올려놓고 막대기나 도리깨로 털었다. 깨는 털어서 기름을 짰다. 갓 짜온 기름이 내는 냄새란 정말 고소하다. 바짝 마른 곡식을 털어낼 때 나는 소리나 그 냄새는 지금 생각해도 정겹기만 하다.

김상현 시인의 "참깨를 털며"라는 고소한 맛의 시(詩)가 있다. 타작마당에서 신앙의 의미를 건져 올린 짧지만 압축되어 있는 의미는 아주 큰 인상적인 시다.

터 밭에서 거둔 참깨를
어머니와 함께 털면서
한해 내내 식탁에 오를
참기름의 고소한 맛을 생각하니
행복해 진다.

이처럼
훗날 하나님이 나의 열매를
요구하실 때
나는 얼마나 향기 나는 진실을
털어 드릴 수 있을까.

예수님께서 고난을 앞두고 예루살렘에 오르실 때 길가 무화과나무에게서 열매를 구한 일이 있다. 그런데 나무에 열매가 없었다. 열매가 없는 이 나무는 저주를 피하지 못했다. 참 억울한 일이다. 그 때는 열매를 낼 때가 아니었기 때문이다. 나는 이 가을에 타작마당을 떠올리며, 예수님의 이 일화를 함께 생각했다. 나는 이렇게 병상에 누워 있는데, 지금 나에게 열매를 요구하신다면 나는 무엇을 털어 드릴 수 있을까? 나도 아직은 결산을 할 때가 아니지 않은가? 후회와 함께 억울한 마음이 들었다. 한편으로 나무 입장에서는 억울하기 짝이 없는 일이지만 우리에게는 억울할 것이 없는 이야기가 아닐까? 하고 마음을 바꿔본다. 무화과나무는 열매 맺는 철이 정해져 있지만 우리에게는 열매 맺는 철이 따로 정해져 있는 것이 아니다. 우리가 하나님의 타작마당에 쌓인 곡식이라면 우리도 털어드릴 열매가 있어야 할 텐데 큰일이다.

7

길을
가르쳐주는
일

해운대를 처음 갈 때 일이다. 교목회 연수에 참여하기 위해 교목회원 몇이서 함께 차를 타고 가게 되었다. 모두가 처음 가는 길이었다. 부산까지는 경부고속도로를 달려 쉽게 도달했다. 그런데 문제는 부산에서 해운대 찾아가는 길을 모르고 있다는 사실이었다. 대충 방향을 잡고 가면서 사람들에게 길을 물어보기로 했다. 길가에 차를 세우고 해운대를 어떻게 가느냐고 물었더니 "그냥 쭈욱 가십시오"라고 한다. 그래서 한참을 그냥 쭈욱 갔다. 그래도 해운대는 나오지 않았다. 해운대 근처에라도 왔다는 단서는 보이지 않았고, 조바심에 다시 차를 세우고 물었다. 이번에도 답은 쉽게 나왔다. "그냥 쭈욱 가시면 됩니다." 이렇게 묻기를 몇 번 더 한 다음에 정말로 쭈욱 가니까 해운대에 도착하게 되었다.

길을 너무나 잘 알고 있는 부산사람들은 그냥 쭈욱 하면 알겠지만 길을 전혀 모르는 우리에게는 답답한 노릇이었다.

아들 녀석과 장래문제로 한 사나흘 씨름을 하고, 어렵게 마음을 정리하여 숙소에 들여보내고 온 날이었다. 야구선수인 아들 녀석은 유난히 힘든 정신적 싸움을 많이 했다. 힘들고 어려운 길을 가는 이의 숙명이랄까? 며칠을 신경을 많이 써서인지 몹시 피곤했다. 마음을 정리할 요량으로 책을 뒤적이고 있는데 책 속에서 이윤기 선생이 이런 말을 하고 있다. "잘 모르는 사람에게, 자기가 너무 잘 아는 길을 가르쳐 주는 일은 언제나 쉽지 않다."

이 문장을 읽는 순간 깨달았다. 내가 그런 짓을 하고 있었구나! 나는 길을 너무나 잘 안다고 생각하고 아들 녀석은 잘 알지도 못하면서 아버지 말을 듣지 않는다고 윽박지르고, 타이르고, 난리를 친 거로구나!

어른이 아이들 가르치는 일이 마치 길을 잘 알고 있는 사람이 잘 모르는 사람에게 길을 가르쳐주는 것과 같다. 어른들은 아이들보다는 길을 좀 더 알고 있는 게 사실이다. 문제는 아이들이 잘 알지 못하는 것을 가르치려니 답답한 게 한두 가지가 아닌 것이다. 그러다보니 본의 아니게 화를 내기도 하고, 아이들에게 상처를 주기도 한다. 이런 일도 어른이라면 좀 더 잘 할 수 있으면 좋으련만 아직 부족해서 그런지 늘 뒤돌아 후회를 한다. 이윤기 선생은 글의 말미에서 이렇게 말하고 있다. "이제 알겠다. 길 모르는 사람에게 길 가르쳐줄 때는, 아주 잘 아는 길도 조심스럽게, 그리고 무엇보다도 친절하게 가르쳐주어야 한다는 것을 알겠다."

누군가를 가르친다는 일이 얼마나 엄중한 일인가를 먼저 생각해야겠다. 예수님은 당대의 선생이라는 바리새인과 율법학자들을 비판하는 자리에서 선생으로 불리기를 포기하라고 하셨다. "잔치에서는 윗자리에, 회당에서는 높은 자리에 앉기를 즐기고, 장터에서 인사받기와, 사람들이 자기들을 선생이라고 불러 주기를 즐긴다. 그러나 너희는 선생이라는 칭호를 듣지 말아라. 너희의 선생은 한 분뿐이요, 너희는 모두 학생이다." 그렇다. 우리는 모두 학생이다. 누굴 가르칠 처지가 못 된다. 아무리 어린 자녀라도 길벗으로 여길 수 있는 마음이 있으면 좋겠다.

바울은 에베소와 골로새 교회에 보낸 편지에서 "너희 자녀를 노엽게 하지 말라"고 충고하고 있다. 아이를 응석받이로 키우라는 말이 아니다. 아이들의 미숙함을 인정하고 그들에게 정서적인 상처가 되지 않는 지혜를 발휘해서 가르치라는 말씀이다. 바울은 신앙이 미숙한 단계에 있는 교인들에게 가르칠 때에도 "어린 아이와 같은 사람에게 말하듯이" 대한다고 말하고 있다. 그러기 때문에 "젖을 먹였을 뿐, 단

단한 음식을 먹이지 않았다"고 한다. 노련한 선생님의 지혜
를 엿볼 수 있다.

8

인생은
나에게

라디오를 켜고 아들 녀석과 함께 고속도로를 달리고 있었
다. 라디오에서 안치환이 노래를 하고 있다. "인생은 나에게
술 한 잔 사주지 않았다." 아들 녀석은 뭐 이런 노래가 있느
냐며 재미있어 한다. 사실 이 노래는 우리의 넋두리가 아닌
가? 우리는 인생에 대해, 그리고 세상에 대해 뭔가 바라는
게 있다.

고등학교 3학년 때, 입시를 앞두고 있었는데 교회 선배들
이 시험 잘 치르라며 기념품을 만들어 격려해 주었다. 볼펜
종류로 기억나는데 문제는 거기에 새긴 성경구절이었다. 갈
라디아서 6장 7절을 새겼던 것이다. "사람이 무엇으로 심든
지 그대로 거두리라." 과연 이 말이 격려인지 고개를 갸웃했
다. 우리가 기대하는 것이 이런 것 아닐까? 무엇이든지 열심
히 심으면 그 대가로 무언가를 거두게 되리라는 것이다. 이

런 것이 일종의 "보상심리"라고 할 수 있다. 내가 이 만큼 했으니 그 만큼 무언가를 받기를 기대하는 것이다. 그런데 현실에서는 그렇지 못한 경우를 더 많이 경험하게 된다. 심은 대로 거두게 되지 않는다는 것이다. 이것은 우리가 기대하는 보상과 신의 은총 사이에 거리가 커서 생기는 문제로 해석해야 할까?

누가복음 17장 7-10절에서 예수님은 다소 인정 없어 보이는 서늘한 말씀을 하고 있다.

> "너희 가운데서 누구에게 밭을 갈거나, 양을 치는 종이 있다고 하자. 그 종이 들에서 돌아올 때에 '어서 와서, 식탁에 앉아라' 하고 그에게 말할 사람이 어디에 있겠느냐? 오히려 그에게 말하기를 '너는 내가 먹을 것을 준비하여라. 내가 먹고 마시는 동안에, 너는 허리를 동이고 시중을 들어라. 그런 다음에야, 먹고 마셔라' 하지 않겠느냐? 그 종이 명령한 대로 하였다고 해서, 주인이 그에게 고마워하겠느냐? 이와 같이, 너희도 명령을 받은 대로 다 하고 나서 '우리는 쓸모없는 종입니다. 우리는 마땅히 해야 할 일을 하였을 뿐입니다'하여라."

당연한 일을 해 놓고 무엇을 더 바라느냐는 말씀이다. 뭔[7]

가를 더 기대하는 우리의 기대를 단 칼에 베어버린다. 보상심리는 사실 신앙생활에도 깊게 자리를 잡고 있다. 욥기 1장 9절에서 사탄은 하나님과 내기를 걸때 그의 공격 지점이 어딘지를 흘린다. "욥이, 아무것도 바라는 것이 없이 하나님을 경외하겠습니까?" 하나님이 욥을 칭찬하시는데, 그것은 욥에게 하나님께서 모든 것을 들어주셨기 때문이라는 사실을 지적한다. 보상이 충분하니까 믿음이 크게 보인다고 하는 것인데, 우리의 약점을 정확하게 찌르고 있는 것이다. 상실감이야말로 가장 어려운 시험이 아닐 수 없다. 그리고 이 시험을 통과하면 그 만큼 성숙하게 되는 것이다. 우리는 늘 하나님께 구하기만 했지, 기도하지 않았다는 본회퍼의 말이 마음을 찌르는 반성문이다.

9

그러면
우리는
어떻게
살아야 합니까?

물음 앞에 서다

광야의 외치는 소리, 세례자 요한은 그렇게 불린다. 그는 욕쟁이다. 거침이 없다. 자기에게 세례를 받겠다고 찾아온 사람들에게, "독사의 자식들아, 누가 너희에게 닥쳐올 진노를 피하라고 일러주더냐?"하고 소리친다. 그 때나 지금이나 사람들은 약삭빠르다. 그는 회개에 합당한 열매를 맺으라고 한다. 말로만 회개를 말하지 말고 삶으로 변화된 모습을 보이라는 것이다. 그런데 재밌는 것은 무리의 반응이다. "그러면 우리는 무엇을 해야 합니까?" 주일예배에 참석해서 설교를 듣고 이런 물음을 묻는 사람이 있던가? 그러면 목사님, 우리는 무엇을 해야 합니까? 우리는 어떻게 살아야 합니까? 역시 요한은 권위 있는 설교자다. 그의 선포에는 힘이 있다.

그러니 이런 반응이 나오지 않겠나?

요한은 묻는 사람들에게 답한다.

"속옷을 두 벌 가진 사람은 없는 사람에게 나누어 주고, 먹을 것을 가진 사람도 그렇게 하여라."

세리들도 묻는다.

"선생님, 우리는 무엇을 해야 하겠습니까?"

"너희에게 정해 준 것보다 더 받지 말아라."

군인들도 묻는다.

"그러면 우리는 무엇을 해야 하겠습니까?"

요한은 그들에게 답한다.

"아무에게도 협박하여 억지로 빼앗거나, 거짓 고소를 하여 빼앗거나 속여서 빼앗지 말고, 너희의 봉급으로 만족하게 여겨라(눅 3:10-14)"

믿음을 갖고 산다는 건 참 어려운 일이다

몸이 좀 회복되고, 주일예배에 계속 나가게 되니까 이범선 목사님이 이제 설교를 해야지 않겠냐며 주일예배 설교를 부탁해 왔다. 나는 가장 최근에 느낀 것을 가지고 설교해야겠다고 생각했다. 병에서 회복하는 것도 힘겨운 일이지만 병을 치료하면서 집안 살림을 끌어가는 것은 더 힘든 일이다. 아내의 고통은 나보다 몇 배는 더 힘겨운 것이다. 그런데 예수님은 "걱정하지 말라"고만 하신다. 이게 예수님 말씀이면 믿어야 하는데 그게 좀처럼 쉽지가 않다. 굳건한 믿음을 다짐하기도 하지만 이내 흔들리는 갈대가 되고 만다. 과연 이 말씀을 믿고 살 수 있을까? 마태복음 6장 15-34절을 본문으로 정하고 설교를 준비했다. 설교는 답을 제시하는 것이 아니라 청중들을 물음으로 이끌고 들어가는 행위라고 믿기에 내가 갖고 있는 물음을 나누기로 한 것이다.

예수님이 말씀하신다. "무엇을 먹을까, 무엇을 마실까, 무엇을 입을까 걱정하지 말라." 예수님도 우리가 늘 갖고 있는 걱정이 무엇인지 알고 있는 것이다. 그러면서 "목숨이 음식보다 소중하지 아니하냐? 몸이 옷보다 소중하지 아니하냐?"고 되물어 오신다. 당연하신 말씀입니다만….

온갖 걱정에 사로잡혀 살고 있는 우리에게 예수님은 눈을 돌려보라고 하신다. "공중의 새를 보아라. 들의 백합화가 어떻게 자라는지 살펴보아라…. 이 믿음이 적은 사람들아!" 그러면서 내린 결론이 "내일 걱정은 내일이 맡아서 할 것이다"이다. 아마 예수님은 살림을 하시던 양반이 아니라서 이렇게 말씀하시나? 참 의아하기도 하다.

예수님이 이렇게 결론을 내린 비결은 무엇인가? 그것은 "너희는 먼저 하나님의 나라와 하나님의 의를 구하여라, 그리하면 이 모든 것을 너희에게 더하여 주실 것이다"라는 말씀 속에 있다. 톨스토이는 "인생은 그것이 의무의 수행이며 봉사라는 걸 깨달을 때 비로소 합리적인 의미를 지닌다"고 말했다. 많은 먼저 깨달은 사람들이 공통적으로 하는 말이다. 인생은 의무이며 책임이라고 말이다. 예수님의 의도는 분명하다. 우리가 하나님의 나라와 의를 추구하라는 것이다. 그러면 일상적인 문제들은 하나님께서 채워주실 것이라는 말이다. 그런데, 정말?

더 나은 사람이 되라

"신에게 봉사하는 것이 사람에게 봉사하는 것보다 좋은 점은, 사람 앞에서는 자기도 모르게 잘 보이고 싶어지고 나쁘게 보이면 화가 나지만, 신 앞에서는 그럴 일이 없다는 것이다. 신은 네가 어떤 사람인지 알고 있으며, 신 앞에서는 아무도 너를 비방할 수 없으므로, 너는 굳이 겉모습을 장식할 필요 없이 실제로 더 나은 사람이 되도록 노력하면 된다"

(톨스토이, 『인생이란 무엇인가』, p.1075)

예수님이 공생애를 시작하시고 제일 먼저 하신 일은 제자 넷을 부르신 것이다. 갈릴리 바닷가에서 고기를 잡고 있던 시몬과 그의 동생 안드레를 먼저 부르셨다. 그들은 어부였기 때문에 생업을 위해 고기를 잡고 있었던 것이다.

> "나를 따라오너라. 내가 너희를 사람을 낚는 어부가 되게 하겠
> 다"
> (막 1:17)

　조금 더 가시다가 세배대의 아들 야고보와 그의 동생 요한이 배에서 그물을 깁고 있는 것을 보시고, 그들도 부르셨다. 재밌는 것은 예수님의 부르심에 즉각적으로 응답했다는 것이다. 그들은 모든 것을 두고 예수를 따라 나섰던 것이다.

　그들은 어떻게 해서 모든 것을 버려두고 즉각적으로 따라나설 수 있었을까? 예수님의 특별한 포스가 작용하신 것인가? 아니면 예수님의 제안이 솔깃해서 인가? 예수님은 그들을 "사람을 낚는 어부"가 되게 하겠다고 약속하셨다. 그러면 이 약속의 의미는 무엇인가? 그들은 원래 어부였는데, 그 어부와 이 어부는 무엇이 다른 것인가? 그들의 고기잡이는 생계의 수단이었다. 그런데 이번에 예수님께서 제안하신 것은 생계의 수단이 아니라 다른 차원에 속한 것을 말한다. 사람을 낚는 일은 좀 나쁜 의미라, 지금 우리 실정에 맞게 바꾼다면 "사람을 얻는 존재"가 되게 하겠다고 번역하면 좋을 것 같다. 그러면 생각이 더 앞으로 나아가게 되는데, 사람을 얻으려면 어떻게 하면 되겠는가? 이렇게 한 걸음 더

들어가게 되는 것이다.

나는 이 에피소드를 읽을 때마다 예수님의 의도는 너무나 분명한 것 같다. 직업으로서 어부를 낮게 볼 이유가 없으셨던 예수님이라면, 사람을 얻는 존재가 되게 하겠다는 제안은 "더 나은 사람이 되라"는 계명으로 들린다. 그리고 이것이 누구나 받아들일 수 있는 예수님의 제안이라고 생각한다. 하나님께서 우리를 세상에 보내신 것은 더 나은 사람이 되라는 뜻일 것이다. 그러면 우리의 생각이 한 걸음 더 들어가게 된다. 그러면 우리는 어떻게 해야 할까?

장공 김재준 목사님은 젊은 시절 열 가지의 생활 원칙을 정해서 적어 놓고 실천하려고 노력했다고 한다. 열 가지 중에 여섯 번째가 "평생 학도로서 지낸다"였다. 공부하는 사람으로 살겠다는 다짐이다. 공부하는 사람으로 산다는 것은 유교적인 인생관이기도 하다. 더 나은 사람이 되기 위한 공부는 누구도 빼앗아갈 수 없는 것이고, 학도로서의 기간이 정해져 있지 않으니 평생을 추구할 인생의 목표로서도 손색이 없는 것이다. 그럴 수만 있다면 얼마나 좋겠는가?

지상명령을 수행하라

교목으로 목사안수를 받기 위해 진급과정을 밟을 때의 일이다. 선배 목사님들 앞에서 구술시험을 보게 되었는데, 심사위원 한 분이 질문하기를, 자네의 성경구절은 뭔가? 라고 물으셨다. 내가 대답을 머뭇거리자! 질문자가 직접 대답하시기를, 마태복음 28장 20절이라고 하셨다. "가르쳐 지키게 하라." 이것이 예수님의 지상명령이니 잘 수행하도록 하라는 지시를 내리신 것이다. 마태복음 28장 19-20절을 "지상명령"이라고 한다. 예수님의 최고의 명령이라는 것이다. 그런데 과연 이 말이 예수님이 직접 하신 말씀이고, 우리에게 내리신 지상명령인가? 나는 분명 아니라고 생각한다. 이 성경은 정직하게 말하면, 초대교회의 사명선언문이다. 많은 단체들이 자기들의 정체와 사업의 방향을 밝히는 사명선언문을 제정하는데, 이것은 분명 초대교회의 사명선언문이다. 그러면 예수님의 지상명령은 무엇인가?

마태복음 7장 7절이야말로 예수님의 지상명령이다. "구하여라. 찾아라. 문을 두드려라." 나는 그렇게 받아들이고 있다. 우리 한국교회의 부족한 점 가운데 하나가 탐구하는 신앙을 두려워 한다는 것이다. 신앙의 성숙은 회의와 탐구를 통해 이루어진다. '무조건 아멘'이라는 식으로 믿는 것을, 믿음이 좋은 것으로 생각하는 풍토가 만연한 것이 사실이다. 특히 목회자들에게서 평신도들이 물음을 제기하는 것을 위험시 하는 경향이 있다. 탐구하는 신앙, 인생과 신앙을 탐구하는 것이야말로 예수님의 지상명령이라고 받아들여야 한다. 구하는 자가 되는 것이야 말로 예수님이 우리에게 원하시는 것이다. "구하는 자는 찾을 때까지 구함을 그치지 말라.(도마복음 2)"

무너지지 않을 집을 지어라

우리는 집을 짓는 사람이다. 건물을 짓는 것이 아니라 '나'라는 집을 짓는 것이다. 그리고 그 일은 일생의 과제다. 우리에게 주어진 시간을 모두 쏟아서 수행해야 하는 숙제인 것이다. 물론 이런 견해는 성경에도 은유로 곳곳에 제시되어 있다. 유다서 1장 20절은 은유가 아니라 직접적인 명령어로 말하고 있다. "여러분은 가장 거룩한 여러분의 믿음을 터로 삼아서 자기를 건축하라."

비유의 대가 예수님은 지혜로운 건축자가 되라는 이야기로 이러한 문제를 말하고 있다. 마태복음 7장 24-27절, 그 유명한 두 건축자의 이야기를 통해서 말이다. 우리는 집을 짓는 사람과 같다. 지혜로운 건축자는 반석 위에 집을 짓는 사람이다. 강한 비바람이 불어도 무너지지 않는다. 어리석은 건축자는 모래 위에 집을 짓는 사람이다. 약한 비바람에도 쉽게 무너지게 된다. 튼튼하고 좋은 집을 짓기 위해서는 기초를 탄탄하게 해야 한다. 예수님은 말씀을 듣고 그것을 실행에 옮겨서 자기 것으로 만드는 사람이 지혜로운 건축자라고 말씀하셨다.

프로이트의 이론을 발전시킨 성격발달이론가 에릭슨(E. H. Erikson)은 사람은 일생동안 8단계의 발달과정을 겪게 된다고 했다. 이 여덟 단계는 나이를 먹어가면서 차례차례 수행하게 된다. 집을 짓는 것으로 비유하면 일생 동안 8층짜리 집을 지어가는 것이다. 집을 지을 때 기초를 튼튼하게 해야하는 것처럼 태어나서 제일 이른 시기에 이루어지는 1단계가 중요하다. 그것은 믿음을 형성하는 것이다. 주로 엄마와의 애착관계를 통해서 자기와 세계에 대한 신뢰를 형성해야하게 된다. 가장 이른 시기에 이루어지는 이 단계를 잘 수행하지 못하면 불신감을 가지고 살아가게 되는 것이다.

위대한 영혼 간디는 한 편지에서 믿음은 히말라야와 같다고 말하고 있다.

"폭풍우 치는 바다에서 우리의 방향을 잡아주는 것은 믿음이다. 믿음은 산을 옮기고 큰 바다를 건넌다. 믿음은 내면에 있는 신을 생활 속에서 늘 기억하고, 의식하며 사는 것이다. 그런 믿음을 얻은 사람은 그 이상 아무것도 원하지 않는다. 육신은 병들었을지 몰라도 그의 정신은 건강하다. 육체적으로는 가난하지만 그는 풍요로운 정신세계에서 삶을 즐긴다. … 믿음은 조금만 폭풍우가 몰아쳐도 시들어버리는 연약한 꽃이 아니다. 믿음

은 아무리 해도 움직이지 않는 히말라야와 같다. 어떠한 비바람
도 히말라야를 움직일 수는 없다. 나는 모두가 신과 종교에 대
해 그런 믿음을 가꿔가길 바란다."

　백혈병을 진단 받고 입원 치료를 받으며 새삼스럽게 깨달
은 중대한 사실은 인간은 약하다는 것이었다. 정확하게는
나는 약하다, 한없이 약하다는 사실이었다. 육체적으로는
물론이고 정신적으로, 특히나 정서적으로 너무나 약하다는
사실이었다. 조그만 외부 자극에도 쉽게 무너진다. 혈액 수
치가 조금만 낮게 나와도 가슴이 덜컥 내려앉는다. 체온이
조금만 올라도, 혈압이 조금만 내려가도, 맥박이 조금만 빨
리 뛰어도 가슴이 쿵쾅쿵쾅한다. 해가 질 무렵 병실에서 창
밖을 바라보며 외로운 마음에 울컥할 때가 한두 번이 아니
었다.
　다윗은 시편 62편 3절에서 스스로 말하기를, "기울어 가
는 담과도 같고 무너지는 돌담과도 같은 사람"이라고 했다.
나의 상태가 아마 이렇게 무너지고 있는 돌담 같은 지도
모르겠다. 입원 기간 내내 병이 낫게 해달라는 기도보다
무너지지 않게 해달라는 기도를 더 많이 했다. 정말 믿음이
약하다.
　겨자씨만한 믿음만 있어도 산을 옮길 수도 있다고 하는데

산을 옮기기는커녕 내 마음 하나 잡지를 못하고 있을 때가 많다. 명색이 목사인데 참 부끄러웠다. 예수님은 도마복음에서 이렇게 말씀하고 있다. "높은 산 위에 지어진, 요새처럼 강화된 동네는 무너질 수 없고, 또한 숨겨질 수도 없다." 요새처럼 강화된 동네가 되라는 말씀이다. 무너지지 않을 요새를 쌓으라는 것이다.

"많은 가르침을 받은 사람일수록 극단적인 상황에서 영향을 적게 받는다. 아무리 좋은 상황에 직면하게 되더라도 그로 인해 흥분하거나 자만하지 않는다. 그리고 엄청난 불행과 시련 속에서도 놀라거나 두려워하지 않으며 이를 묵묵히 인내한다."

탈무드에서 읽은 말씀이다.
간디는 앞에서 소개한 편지에서 이렇게 말하고 있다.

"진실한 믿음은 기도와 참회로 삶을 순수하게 다져온 사람들의 경험을 통해 모두에게 알려진다. 그러므로 오래 전에 예언자의 말을 믿는 것은 쓸모없는 미신이 아니라 가장 깊은 정신적 욕구의 만족이다."

다른 방법이 없다. 가르침을 좀 더 열심히 구하는 길밖에.

10

둘째
아들처럼
느껴질 때

흑인 영가 중에 "나는 때때로 고아처럼 느낄 때가 있다 (sometimes I feel like a motherless child)"는 노래가 있다. 마리안 앤더슨의 굵고 깊은 소리로 들었던 느낌이 있다. 가사는 단순하다. 집을 떠나 멀리 있는 것 같은 외로움을 노래하고 있다. 시편 22편에서 다윗은 자기의 처지를 이렇게 노래하고 있다.

> "나의 하나님, 나의 하나님, 어찌하여 나를 버리십니까? 어찌하여 그리 멀리 계셔서, 살려 달라고 울부짖는 나의 간구를 듣지 아니하십니까? 나의 하나님, 온종일 불러도 대답하지 않으시고, 밤새도록 부르짖어도 모르는 체하십니다" (시 22:1-2)

나는 때때로 둘째 아들 같이 느낄 때가 있다. 잃었던 아들을 다시 찾은 아버지의 이야기에 나오는 바로 그 둘째 아들 말이다. 아버지 품을 떠나 흉년이 든 타향에서 비로소 아버지의 사랑을 알고 그리워하는 아들처럼 느낄 때가 있다. 예수님의 이야기에 나오는 아들처럼 아버지의 몫을 요구하여 자발적으로 집을 떠난 것은 아니지만 처지가 비슷하다고 느낀 것이다.

지금의 이런 상황은 교목으로 사역하던 학교를 사직하면서 시작되었다. 학교를 떠날 만한 일이 기다리고 있었다. 그러나 성경 이야기의 주인공처럼 그렇게 기대한 대로 풀리지 않았다. 그 후로 하는 일마다 잘 풀리지 않고, 집안에 어려움이 어깨동무를 하고 밀려왔다. 그러다가 백혈병 진단까지 받게 되었으니 엎친 데 덮친 꼴이 된 것이다. 내 탓을 하기도 많이 했고, 하나님을 원망하기도 했다. 그래도 생각했다. 이렇게 된 데에 어떤 의미가 있지 않을까?

예수님의 이야기를 찬찬히 읽어 봤다. 누가복음 15장은 마치 지하철 유실물 센터처럼 잃었던 것을 다시 찾는 이야기들이다. 그 가운데 되찾은 아들의 비유는 많은 것을 성찰하게 한다.

어떤 사람에게 아들이 둘 있었는데 작은 아들이 아버지에게 재산 가운데 자기에게 돌아올 몫을 미리 달라고 한다. 그러자 아버지는 두 아들에게 살림을 나누어 준다. 작은 아들은 자기 몫을 가지고 먼 지방으로 간다. 갈 때는 좋은 계획이 있었겠지만 그는 방탕한 생활로 재산을 탕진한다. 마침 그 지방에 흉년이 들어 당장에 먹을 것을 걱정해야 하는 처지가 되고 만다. 그는 들에서 돼지를 치게 되었는데, 고픈 배를 움켜쥐고 서야 아버지를 생각하게 된다. 성경은 이렇게 기록하고 있다.

> "그제서야 그는 제정신이 들어서, 이렇게 말하였다. '내 아버지의 그 많은 품꾼들에게는 먹을 것이 남아도는데, 나는 여기서 굶어 죽는구나. 내가 일어나 아버지에게 돌아가서, 이렇게 말씀드려야 하겠다. 아버지, 내가 하늘과 아버지 앞에 죄를 지었습니다. 나는 더 이상 아버지의 아들이라고 불릴 자격이 없으니, 나를 품꾼의 하나로 삼아 주십시오'" (눅 15:17-19)

그는 일어나서 아버지에게로 돌아갔고, 아버지는 아들을 찾은 기쁨을 누리게 된다는 이야기다. 함석헌 선생님은 이 이야기를 하면서, 뜻밖의 소리를 하셨다.

> "잘못해서 탕자가 될지는 몰라도 아버지가 내게 주시는 분깃을 받아가지고 내 노릇을 해보자 힘써보고 싶습니다."

기꺼이 탕자가 되어 보겠다는 것인데, 그렇게 생각한 이유는 둘째 아들이 한 때 헤매기는 했지만, "그 길이 마침내 아버지를 참 보게 되는 길"이었기 때문이라고 하셨다. 그래, 어쩌면 예수님께서 둘째 아들의 길을 가보라고, 안심하고 가 보라고 하시는 지도 모르겠다.

믿음은 앎에 이르는 관문이다. 믿음을 통하지 않고는 하나님을 알 길이 없다. 믿음은 시험이다. 단순한 신념이 아니다. 삶 속에서 갖가지 시험을 통과하는 과정이다. 그리고 그 과정을 통과하면서 하나님을 알게 되는 것이다. 하나님을 아는 것은 믿음의 목적지이다. 앎에 이르지 못한 믿음은 어린아이의 신앙에 머물고 만다. 욥은 믿음이 좋은 사람이었다. 그는 믿음의 복을 누리며 살았다. 그에게는 부족한 것이 없었다. 복을 누리면서도 그는 조심조심 믿음의 기조를 잃지 않았다. 그런데 그가 원치 않은 시험을 당하게 되었다. 워낙 믿음이 좋았던 터라 시험도 강도가 매우 셌다. 인간으로서 도저히 감당할 수 없는 고난을 당했던 것이다. 그 시험을 모두 통과한 다음 욥은 이렇게 말하고 있다.

"이제 저는 알았습니다…주님이 어떤 분이시라는 것을, 지금까지는 제가 귀로만 들었습니다. 그러나 이제는 제가 제 눈으로 주님을 뵙습니다" (욥 42:1-5)

바울은 이렇게 말했다.

> "나는 확신합니다. 죽음도, 삶도, 천사들도, 권세자들도, 현재 일
> 도, 장래 일도, 능력도, 높음도, 깊음도, 그 밖에 어떤 피조물도,
> 우리를 우리 주 예수 그리스도 안에 있는 하나님의 사랑에서 끊
> 을 수 없습니다" (롬 8:38-39)

바울이 도달한 신앙의 경지를 보여주고 있다. 온갖 고난
을 통과한 사람의 고백이다. 그가 알게 된 것은 무엇인가?
하나님은 사랑이시라는 것이 아닐까? 우리가 살아가면서 당
하게 되는 어려움들은 그 속에 하나님의 섭리가 있기에, 그
것을 알면 더 이상 고난이 아닌 것이다.

11

마라를
지나
엘림으로

출애굽기 15장 22절, 히브리들의 출애굽 여정은 한 오아시스에 도착하게 되었다. 그들은 오랫동안 물을 찾지 못해 극심한 갈증을 느끼고 있었다. 그 때 발견한 오아시스는 얼마나 반가운 것인가? 그런데 물이 써서 마실 수 없는 사태에 직면하게 되었다. 그곳의 이름은 '마라'였으니, 그 뜻은 '쓰다'는 것이었다. 기껏 발견한 오아시스가 마실 수 없는 쓴물이 들어 있는 샘이었다. 백성들은 모세에게 불평을 쏟아냈고, 모세는 하나님께 호소했다. 그 때 모세가 나무 한 그루를 발견하게 되었고, 그 나뭇가지를 하나 꺾어서 물에 던졌더니 쓴물이 단물로 변하여 마실 수 있게 되었다. 이것은 기적일까?

어머니는 성경에서 특히 "룻기"를 좋아하셨다. 젊어서 혼자 되셨으니, 같은 처지의 과부들 이야기를 특히 좋아 하셨을 것이다. 룻기의 실질적인 주인공은 나오미라고 생각한다. 그녀의 이름 '나오미'의 뜻은 '기쁨'이다. 우리가 인생에서 바라는 바를 담은 이름이다. 그런데 나오미는 기대와 다른 삶을 살게 된다. 남편을 따라 이방지역으로 이주하게 되었는데 거기서 남편을 잃고 두 아들마저 잃는 참담한 현실을 만나게 된다. 결국 그녀는 고향으로 돌아오게 된다. 며느리 룻과 함께 고향에 돌아왔을 때, 그를 본 사람들이 반가운 마음에 "이거, 나오미 아닌가!"하고 인사를 한다. 그런데 그녀는 '나오미'라 부르지 말고 '마라'라고 부르라고 한다. 인생의 '쓴물'을 만났다는 것을 말하고 있는 것이다.

사람들의 불평을 들은 모세는 하나님께 부르짖었고, 하나님께서 그에게 한 나무를 보여주셨다. 그가 그 나뭇가지를 꺾어서 물에 던지니, 그 물이 단물로 변하여 사람들이 갈증을 풀 수 있었다. 모세가 기적을 일으킨 것은 아니다. 그가 하나님께 호소하자 나무가 보였다고 했다. 기적이 필요한 상황이었지만, 기적으로 문제를 해결하지 않고 해결책을 발견했다고 할 수 있다. 살아가다 보면 기적이 필요한 상황이 있다. 그러나 이 우주 안에 기적은 없다. 일어 날 수 있는 일이 일어나는 것이다. 그리고 삶의 문제에 대한 해결책은 분명히 있다. 우리가 그 길을 찾지 못해 답답한 것이다.

고향에 온 나오미와 룻에게는 밝은 빛이 보이기 시작한

다. 이야기의 분위기가 밝아진다. 나오미와 룻에게는 '보아스'라는 나무가 있었다. 남편의 기업을 이어줄 집안사람이었다. 나오미는 보아스를 통해 쓴물이 단물로 변하는 인생의 맛을 보게 된다. '마라'가 '나오미'가 되는 것이다. 룻기는 '나오미'가 이름을 되찾는 이야기다.

백혈병 진단을 받고, 항암치료 과정을 마치고 집에서 회복하고 있게 되었다. 점차 몸은 힘을 회복하고 면역력도 돌아와 외출도 할 수 있게 되었다. 학교 교목으로 사역할 때, 같은 지방에서 목회하던 선배 목사님이 생각났다. 경기도 광주시 퇴촌면에 있는 삼성감리교회 이범선 목사님이다. 정말 오랜만에 전화를 했더니 너무나 반갑게 맞아 주셨다. 그동안 있었던 일들을 이야기하니 깜짝 놀라며 너무 걱정하지 말라고 위로해 주셨다. 얼마 후, 아내와 함께 주일 예배에 참석하게 되었는데, 마치 고향 교회에 안긴 것 같은 푸근한 느낌을 받았다. 조그만 시골교회인 삼성교회는 소박한 신앙이 그대로 남아 있는 아름다운 교회다. 특히 교회 앞 정원의 다양한 식물들과 꽃들은 마음을 환하게 비추는 빛이다. 삼성교회와 이범선 목사님은 마치 모세가 발견한 나뭇가지처럼 나의 회복에 큰 힘이 되고 있다.

이후 출애굽의 여정은 '마라'를 지나 '엘림'에 도착한다. "거기에는 샘이 열두 곳이나 있고, 종려나무가 일흔 그루나 있었다"(출 15:27)고 한다. 우리의 삶도 이제 마라를 지나 엘림에 이르기를 바라고 또 바란다. 그리고 이런 노래를 올릴 수 있으면 좋겠다.

> "주님께서는 내 통곡을 기쁨의 춤으로 바꾸어 주셨습니다. 나에게서 슬픔의 상복을 벗기시고, 기쁨의 나들이옷을 갈아입히셨기에 내 영혼이 잠잠할 수 없어서, 주님을 찬양하렵니다"
>
> (시 30:11-12a)

12

발에
신을
신겨라

2014년 12월 21일, 크리스마스를 바로 앞에 두고 주일예배 설교를 하게 되었다. 후배 이은경 목사의 설교문에서 아이디어를 얻어 단숨에 설교가 준비되었다. 크리스마스를 주제로 하기보다는 연말을 맞아 나의 삶을 돌아보면서 하나님의 말씀을 들으려고 했다. 대강절을 맞아 교우들과 함께 매일 묵상하는 말씀의 흐름도 참고했다. 나의 삶의 고백이 담긴 설교가 되었다.

그는 일어나서, 아버지에게로 갔다. 그가 아직도 먼 거리에 있는데, 그의 아버지가 그를 보고 측은히 여겨서, 달려가 그의 목을 껴안고, 입을 맞추었다. 아들이 아버지에게 말하였다. "아버지, 내가 하늘과 아버지 앞에 죄를 지었습니다. 이제부터 나는 아버지의 아들이라고 불릴 자격이 없습니다." 그러나 아버지는 종들에게 말하였다. "어서, 가장 좋은 옷을 꺼내서, 그에게 입히고, 손에 반지를 끼우고, 발에 신을 신겨라." (눅 15:20-22)

오늘의 본문은 우리가 잘 알고 있는 『잃었다가 되찾은 아들의 이야기』입니다. 그 가운데 오늘 봉독한 부분이 하이라이트라고 할 수 있습니다. 어떤 사람에게 아들이 둘 있었습니다. 작은 아들이 아버지에게 장차 받게 될 유산 가운데 자신의 몫을 미리 달라고 합니다. 그러자 아버지는 두 아들에게 살림을 나누어 주었습니다. 작은 아들은 그 재산을 가지고 먼 지방으로 가서, 방탕하게 살다가 모든 것을 탕진했습니다. 엎친 데 덮치는 격으로 그 지방에 크게 흉년이 들게 되었습니다. 떨어질 대로 떨어진 그는 돼지를 치는 일을 하게 되었는데, "돼지가 먹는 쥐엄 열매라도 좀 먹고 배를 채우고 싶은 심정"이었다고 합니다. 성경은 "그제서야 그는 정신이 들어서" 아버지에게 돌아가겠다는 마음을 먹게 되었다고 합니다. 아들은 아버지에게 돌아오고, 아들을 되찾은 아버지는 잔치를 연다는 이야기입니다. 뒤에 큰 아들과의 이야기가 있지만 그것은 또 다른 주제입니다.

오늘 봉독한 부분은 돌아온 아들이 아버지와 만나는 장면입니다. 이 비유에 대한 가장 유명한 해석은 화가 렘브란트의 그림, "탕자의 귀향"입니다. 1668년에 그린 이 그림은 우리에게도 잘 알려진 영성가 헨리 나웬에 의해서 더 유명해진 것 같습니다. 렘브란트의 그림의 특징은 마치 연극무대처럼 어두운 가운데 자기가 강조하고 싶은 부분에 조명을 비춘 것처럼 그리는 것입니다. 탕자의 귀향은 돌아온 아들이 아버지 품에 안기는 장면을 그리고 있습니다. 아들의 모습은 뒷모습만 보입니다. 그리고 아버지의 얼굴과 팔이 보입니다. 이 장면에서 아들은 아버지에게 이렇게 말합니다. "이제부터 나는 아버지의 아들이라고 불릴 자격이 없습니다." 그런데 화가는 아들의 상태와 아버지의 마음을 어떻게 그리고 있을까요? 아들의 상태는 바로 신발로 나타납니다. 그리고 아버지의 마음은 손으로 그려져 있습니다.

아버지의 마음은 아들을 감싸고 있는 손으로 표현되어 있습니다. 헨리 나우웬은 아버지의 손 모양에 주목하고 있습니다. 한 손은 여자의 손처럼 곱게 그려져 있고, 다른 한 손은 노동을 한 억센 남자의 손으로 그려져 있습니다. 이것은 하나님의 아버지 같은 사랑과 어머니 같은 사랑을 보여준다고 해석하고 있습니다. 아들의 발은 그의 상태를 나타냅니다. 왼발은 신이 벗겨져 있고, 오른발에 걸쳐있는 신발은 뒤가 다 낡아서 거의, 신고 온 게 아니고 끌고 온 것처럼 보입니다. 이것은 그가 어떤 과정을 겪어왔는지를 보여줍니다.

옛날이야기 속에서 '신발'은 중요한 의미가 있습니다.

그리스 로마 신화에 보면 "이아손"이라는 인물이 있습니다. 그리스 신화에 나오는 영웅 가운데 한 사람입니다. 그는 이올코스라는 나라의 왕자로 태어났습니다. 그의 아버지는 영 시원찮은 왕이었는데, 그의 늦둥이로 태어났습니다. 왕은 늙었고, 그의 이복 동생 펠리아스는 젊은이였습니다. 펠리아스는 어린 이아손을 제치고 왕위를 차지합니다. 이런 경우 어린 왕자는 죽기 십상입니다. 그래서 가족들은 그를 멀리 깊은 숲으로 숨깁니다. 숲에서 이아손은 현자 케이론에게서 온갖 것을 배우며 자라게 됩니다.

이아손이 자라는 15년 동안 이 나라의 아이들은 이상한 노래를 부르며 놉니다. "모노산달로스가 내려와 이올코스의 왕이 된다네…."

이아손은 청년으로 자라 이제 산에서 내려옵니다. 조그만 강을 건너게 되는데 한 노파가 자기를 업어서 강을 건너달라고 합니다. 노파를 업고 강을 건너는데, 이 노파가 온갖 괴팍한 성격을 부리는 통에 그만 물속에서 신발을 한 짝 떠내려 보냅니다. 눈에 빤히 보이는 강이 아무리 가도 끝이 나오지 않고 노파는 점점 무거워지고, 이런 씨름을 하다가 강 건너에 거의 다와 정신을 차려보니 노파는 온 데 간 데

없었습니다. 그는 신발을 한 짝만 신고 이올코스로 돌아오게 됩니다. 물론 한참 시간이 흘러 시련을 극복하고 나라에 공을 세워 왕이 된다는 이야기입니다. 이것이 "모노산달로스의 이야기"입니다. 모노라는 말은 '하나'라는 뜻이고 '산달로스'는 가죽신을 말합니다. 이 말에서 샌들이라는 말이 나온 것입니다.

신발 한 짝에 관한 가장 유명한 이야기는 신데렐라 이야기입니다. 왕자의 파티에서 달아나는 신데렐라는 신발을 한 짝 벗어놓고 도망갑니다. 신데렐라를 찾는 왕자는 신발 한 짝을 들고 임자를 찾아 나섭니다. 신데렐라도 "모노산달로스"입니다. 이 신발은 맞춤신발이라 오직 신데렐라에게만 맞습니다. 유리구두 한 짝은 신데렐라의 신분을 증명해주는 역할을 합니다. 이 이야기의 한국판이 콩쥐팥쥐 이야깁니다. 유리구두가 꽃신으로 바뀔 뿐이죠. 이야기 속에서 신발은 그의 정체성을 상징하는 것입니다.

강림절을 맞아 날마다 한 말씀 묵상은 출애굽기로 시작했습니다. 그 첫 묵상 구절이 출애굽기 3장 1-6절이었습니다. 모세를 부르시는 음성은 이렇게 말합니다. "이리로 가까이 오지 말아라. 네가 서 있는 곳은 거룩한 땅이니, 너는 신을 벗어라." 이 말씀은 너를 내려놓고 나아오라는 것입니다. 여기서 신발은 모세의 지나온 정체성을 말하는 것입니다.

히브리 노예의 아들로 태어나 궁중에서 왕자의 신분으로 자라고, 살인자가 되어 추방되고, 이제는 미디안 제사장 이드로의 사위가 되어 양을 치고 있는, 모세의 지난 정체를 벗어놓고, 하나님으로부터 사명을 받는 것입니다. 이것은 모세가 자신의 정체를 새롭게 하는 거룩한 경험을 기록한 것입니다. 모세는 이 산에서 내려와 이제는 양을 치는 목자가 아니라 히브리들을 해방시켜 새로운 민족을 이루게 하는 구원자의 삶을 살게 되는 것입니다.

신화 연구가이자 소설가, 뛰어난 번역가였던 이윤기는 그의 유명한 책 『그리스 로마 신화』 1편에서 이렇게 말하고 있습니다.

> "우리는 우리가 지나온 역사를 한 장의 종이에다 기록하고 이것을 '이력서(履歷書)'라고 부른다. 신발(履) 끌고 온 역사(歷)의 기록(書)이다."

신화라는 것은 우리의 정체를 밝히는 '신발'과 같은 것이라는 뜻에서 한 말입니다. 그런데 오늘 우리는 "되찾은 아들의 이야기"에서 이 신발의 문제를 새겨보려는 것입니다.

아버지 앞에 돌아온 아들은 어떤 모습입니까? "나는 아버지의 아들이라고 불릴 자격이 없는 놈"이라고 스스로 말하고 있지 않습니까? 렘브란트는 이런 아들의 모습을 다 떨어진 신발, 그것도 한 발에만 겨우 걸쳐있는 신발로 표현하고 있습니다. 이 신발이, 바로 그의 이력서입니다. 이런 신발을 끌고 돌아온 아들에게 아버지는 어떻게 합니까?

이제 새신을 신기라는 것입니다. 그동안 끌고 온 헌 신을 벗어버리고 새신을 신으라는 것입니다. 저는 이 본문을 마주하면서, 지금의 저의 모습이 이 아들처럼 느껴졌습니다. 다 떨어진 신발처럼, 너덜너덜해진 신발처럼 말입니다. 이런 신발을 끌고 아버지 앞에 온 것입니다. 그래도 우리가 하나님 앞에 돌아오면 하나님께서는 두 손으로, 어머니 같은 자애로운 손과 아버지 같은 우직한 손으로 맞아 주시고, 새신을 신겨주실 것입니다. 이제 우리는 묵은 해를 보내면서 또 새 해를 맞이하게 됩니다. 세상의 달력은 1월 1일이 되어야 새해가 시작되지만, 교회력으로는 크리스마스가 바로 새해의 시작입니다. 새로운 시간의 시작, 새로운 역사의 시작, 새로운 인생의 시작을 말하는 것입니다. 이번 크리스마스에 신발을 갈아 신고, 새로운 신으로 갈아 신고, 새로운 걸음으로 인생을 걸을 수 있으면 좋겠습니다. 그것은 우리가 새로운 정체성을 갖는 것에서 시작됩니다. 모세처럼 말이죠.

13
밥값은
해야
하는데

　입원해서 병상에 있을 때는 오히려 편했다. 상황이 아주 단순했기 때문이다. 치료 이외에 신경 쓸 일이 없다. 퇴원할 날만 기다리며 그냥 기다리는 시간일 뿐이다. 담당 의사는 나에게 "어떻게 이렇게 잘 하세요"라고 하지만 내가 하는 것은 아무것도 없다. 그렇게 하루가 가고 또 하루가 가서 치료되기만을 바라고 있는 것이다.

　입원 치료가 끝나고 집에 오면 상황이 달라진다. 처음에는 가택 입원 상태지만 점차 몸이 회복되고, 조금씩 움직임이 많아지면 새로운 염려가 스멀스멀 기어오른다. 살림에 대한 걱정이다. 가장이 환자로 있으니 지켜보는 가족들도 답답하지만, 내색하지 못하는 나의 마음은 이루 말할 수 없이 답답하다. 마음은 조급하지만 할 수 있는 일이 별로 없다. 밥값은 해야 하는데….

외출을 자제해야 하는 치료 초기에는 하루 종일 집안에서 생활해야 한다. 노하우가 필요하다. 자의든 타의든 일 없이 집에서만 보낸다는 게 쉬운 일이 아니다. 마음이 편하다면 좋아하는 책이나 읽고 음악이나 들으며 보내면 된다. 그런데 그것도 하루 이틀이다. 수도자들에게 혹시 묘수가 있을까 하여 찾아 봤다. 역시 그들은 심심하게 보내는데 선수다.

앙토냉 질베르 세르티양주의 『공부하는 삶』은 목회자들이나, 삶을 수행의 개념으로 생각하며 살려는 사람에게 좋은 참고서다. 이 책은 토마스 아퀴나스의 공부와 삶에 관한 조언들을 중심으로 공부하는 삶에 대한 다양한 측면을 성찰하고 있다. 그는 "공부는 그 자체로 성스러운 의무"라고 한다(57). "사제는 제단으로 먹고 살 권리가 있고, 공부하는 사람은 공부로 먹고 살 권리가 있다"(75). 참으로 당당하다. 그의 요지는 이렇다. 생업에 종사하는 사람들은 공부할 시간이 없으니, 공부하는 사람은 그들을 대신해서 공부하는 것이고, 그 결과물로 그들에게 봉사해야 한다는 것이다. 그럴 수 있다면 참으로 부러운 일이다.

'느리게 살기' 대표선수 헨리 데이빗 소로우는 그의 편지 친구 브레이크에게 보낸 편지에서, "다른 사람들이 당신을 위해 감자를 심고 사과를 재배하는 동안 당신은 그들을 위해 정신적인 사과를 재배해야만 합니다"라고 쓰고 있다. 브레이크는 목사였으니 이런 충고를 받을 만 했다. 이것을 나는 나에게 주는 충고처럼 읽었다. 그래 공부만 하고 있는 것도 내가 할 수 있는 일이기는 하다. 사실은 내가 어떤 처지에 있든지 남을 위해 봉사할 수 있는 길은 있다. 식구들을 위해서도 그렇다.

빅토르 E. 프랑클(1905-1997)은 나치 강제수용소 경험을 바탕으로 의미요법(logo therapy)이라는 독창적인 정신의학의 이론을 정립한 인물이다. 그는 제 2차 세계대전이 끝나고 1946년 3월과 4월에 시민들을 상대로 강연을 한 적이 있는데, 그 강연의 내용이 책으로 출판되었고, 우리말로 번역되어 읽어볼 수 있게 되었다(빅토르 프랑클, 『삶의 물음에 '예'라고 대답하라』, 산해, 2009). 세편의 강연은 인생의 교과서로 삼아도 좋을 만큼 마음에 깊이 남는 것이었다. 두 번째 강연의 제목은 "삶의 물음에 책임 있는 답변을 위하여"였다. 한 환자의 예를 들었다.

사례의 주인공은 잘나가는 광고 디자이너였다. 성공가도를 달리는 활기찬 젊은이였던 그는 갑자기 자기의 직장생활을 중단해야 했다. 악성 척수종양을 앓게 되었기 때문이다. 종양이 진척되자 팔다리는 급속히 마비되었고, 활동은 극히 제한되었다. 활기 넘치던 젊은이는 이제 극도의 수동적인 상황에 놓이게 된 것이다. 그런데도 주인공은 위축되지 않고 자신의 삶에서 의미를 찾고자 노력했다. 평소에 바빠서 읽지 못했던 책을 읽고, 음악을 듣고, 다른 사람들과 활발하게 대화도 나누었다. 그의 병은 더욱 진척되어 책을 읽는 것도, 음악을 듣는 것도 힘들게 되었다. 다른 환자와 대화를 나눌 수도 없었다. 이제 그의 생애 마지막 날을 맞이하게 되었다. 그날 회진 온 의사의 전언에 따르면 그는 이런 부탁을 했다고 한다. 환자들의 임박한 죽음의 고통을 덜어주기 위해 의사들은 모르핀 주사를 놓는데, 오늘 밤에 그 순간이 올 것 같다고 하며, 조금 미리 그 주사를 놔 달라고 한 것이다. 그렇게 하면 숙직 간호사가 자기를 깨울 필요도 없고, 자기 때문에 수면을 방해하는 일도 없지 않겠냐는 것이었다. 그는 자신의 삶의 최후의 순간에도 남을 배려하는 마음을 잃지 않으려고 마음을 쓰고 있었던 것이다. 그는 자신에게 닥친 상황을 의미 있게 겪어냄으로써, 삶의 과제를 충실히 수행한 것이다.

J.J. 루소는 『에밀』에서 생의 행과 불행을 잘 견디는 사람이 교육받은 사람이라고 했는데, 이런 기준으로 생각한다면 그는 가장 잘 교육받은 사람이라고 할 수 있겠다. 이것은 나에게도 깊은 교훈을 주고 있다. 내가 병상에 누워 있을 때에든지, 조금씩 활동을 할 수 있게 되었을 때에든지, 건강을 회복해서 다시 일을 할 수 있게 되었을 때에도 변함없이

나에게 주어진 시간을 의미 있게 겪어낸다면 그것이 나에게 주어진 삶의 과제를 수행하는 것이리라. 무엇보다 아이들에게 부모로서, 삶의 다양한 국면을 어떻게 겪어내는 지를 보여주는 것은 가장 중요한 교육이 될 것이다. 그런 의미에서 부모는 가장 중요한 교사임이 분명하다.

14
나의
아침

　나의 아침은 『헤른후트 기도서』로 시작한다. 올해 사용하는 기도서가 285판이다. 그러니까 285년의 전통을 가지고 있다는 뜻이다. 헤른후트 형제단에서 발행하고 있는 이 기도서를 나는 2014년부터 사용하고 있다. 이 기도서는 매일 네 개의 본문을 제시한다. 처음 두 개의 본문은 서로 관련이 있는 구약과 신약의 말씀이고, 다른 두 본문은 각각의 사이클에 따라 연속적으로 읽을 수 있도록 제시되고 있다. 매일 아침 첫 번째 과제는 이 네 개의 본문을 오가며 말씀을 묵상하는 것이다. 기도서를 일 년쯤 사용하다보니 이상한 경험을 하게 된다. 그것은 "말씀이 맞아 떨어지는 경험"이다. 그 날에 필요한 말씀을 마주하게 되는데, 이것은 정말 놀라운 일이다. 나는 이것을 일종의 하나님의 응원 메시지라고 생각하고 있다.

그가 나를 간절히 열망하니,

내가 그를 건져 주겠다.

그가 나의 이름을 알고 있으니,

내가 그를 높여 주겠다.

그가 나를 부를 때에, 내가 응답하고,

그가 고난을 받을 때에,

내가 그와 함께 있겠다.

(시 91:14-15, 2014년 10월 22일, 아침에 읽고 큰 힘을 얻다)

2014년 10월 25일(토)

"여러분도 마음을 넓히십시오"　　　　　(고후 6:13)

믿음이 좋다는 사람들 가운데 속이 좁은 사람이 많다. 그것은 믿음이 좋아서가 아니라 잘못된 믿음의 결과다. 우리가 스스로 하나님의 자녀라는 믿음이 있다면, 이 얼마나 자부심을 가질 만한 일인가? 그런데도 우리 마음이 좁다면 문제가 있는 것이다. 마음을 넓게 갖자. 성경과 함께 아침에 읽은 에머슨의 글이 우리 마음을 넓게 만들어 준다.

인간이여, 자신의 가치를 알라. 지금은 그럴 때이다.
우리는 전혀 잘못 태어난 존재가 아닌데,
달아나 숨거나 겁을 먹고 주위를 두리번거릴 필요가
어디 있단 말인가?
아니다, 의연하게 고개를 들어라.
나의 생명은 장식물이 아니며,
그것을 살리라고 주어진 것이다.
나는 어디서든 진실을,
완전한 진실을 말하는 것이 나의 의무라고 생각한다.
나는 사람들이 나를 어떻게 생각하는가가 아니라,
나의 진정한 사명이 무엇인가를 진지하게
생각하지 않으면 안 된다.　　　　　- 랄프 왈도 에머슨

2014년 12월 4일(목)

그 때에 마침 보아스가 베들레헴 성읍에서 왔다. 그는 "주께
서 자네들과 함께 하시기를 비네"하면서, 곡식을 거두고 있
는 일꾼들을 격려하였다. 그들도 보아스에게 "주께서 당신
께 복을 베푸시기 바랍니다"하고 인사하였다.　　(룻 2:4)

요한이 기록한다.

"평화가 그대에게 있기를 빕니다. 친구들이 그대에게 문안
합니다. 친구들 한 사람 한 사람에게 문안하여 주십시오"

(요삼 15)

오늘의 말씀들은 마치 크리스마스트리의 불빛처럼 밝고 따뜻하다. 모두가 인사말이라서 그렇다. 룻기는 비극적인 이야기를 그리면서도 분위기가 따뜻하다. 이유는 아마 등장인물들이 주고받는 인사말이 많아서 그럴 것이다. 따뜻하게 건네는 축복의 말은 세상을 밝히는 불빛이다. 데살로니가전서 5장 5절도 바울이 우리에게 건네는 인사말이다. "여러분은 모두 빛의 자녀요, 낮의 자녀입니다."

2014년 12월 11일(목)

> "우리가 바라는 것은 주님을 기쁘게 해드리는 사람이 되는
> 것입니다" (고후 5:9)

오늘 본문 가운데 하나인 고린도후서 5장 1-10절은 재미있는 그림을 떠올리게 한다. "우리는 하늘로부터 오는 우리의 집을 덧입기를 갈망하면서"라는 표현이 재미있다. 우리의 육체를 이 땅의 장막집, 텐트라고 하면서, 하늘의 집을 덧입으라고 하는 것이다. 집을 덧입는다는 것을 영상으로 그려 본다.

어제 저녁 TV프로그램에서 무주 산골에 사는 한 할머

니가 소개되었다. 아주 오래 전에 30원을 주고 샀다는 집에서, 열다섯에 시집와 여든이 넘은 이때까지 살았다고, 집에 대해 설명하는 대목이 인상 깊었다. 그야말로 다 쓰러져가는 집이었는데, 집이 너무 낡아서 겉에다 천막을 씌웠다. 그러니까 낡은 초막집을 안에 두고 전체를 천막으로 한 겹 씌운 것이다. 바울이 말한 덧입기가 이런 형상일 것이다.

육신의 집은 의지할 것이 못된다. 임시 거처일 뿐이다. 우리가 바라보는 것은 보다 튼튼한 집이다. 영원한 하늘의 집을 바라보는 것이다. 이것을 바울은 "우리는 믿음으로 살아가지, 보는 것으로 살아가지 아니합니다"는 말로 표현했다. 그러면서 우리의 소망은 비록 텐트와 같이 불완전한 것이지만 하나님을 기쁘게 해드리는 존재가 되는 것이라고 밝히고 있다. 나의 간절한 소망이기도 하다.

2014년 12월 15일(월)

> "지혜 있는 사람은 하늘의 밝은 빛처럼 빛날 것이요, 많은 사람을 옳은 길로 인도한 사람은 별처럼 영원히 빛날 것이다"
>
> (단 12:3)

영혼의 교사로서 목회자들이 수행해야 할 사명과 보상이 이 말씀에 있다. 이러한 말씀에 이른다면, 이보다 더한 보상을 기대할 수 없을 만큼 위대한 하늘의 보상이라고 하겠다.

신실한 교사와 끈기를 가지고 돕는 사람,
두 행위자를 보내주십시오.
심고 물주는 데에 힘쓰고
풍성한 열매가 맺히게 하소서   - 벤야민 슈몰크

2014년 12월 20일(토)

"나는 인정의 끈과 사랑의 띠로 그들을 묶어서 업고 다녔으며, 그들의 목에서 멍에를 벗기고 가슴을 헤쳐 젖을 물렸다"

(호 11:4)

한해의 끝을 향해 달려가고 있다. 지난 한 해를 돌아보니 은혜가 아닌 것이 없다. 호세아 예언자의 하나님 고백에 100% 공감이다.

2014년 12월 23일(화)

"그는 해를 하늘 높이 뜨게 하셔서, 어둠 속과 죽음의 그늘

아래 앉아 있는 사람들에게 빛을 비추게 하시고, 우리의 발을 평화의 길로 인도하실 것이다" (눅 1:78-79)

성탄절이 다가옵니다.
우리의 삶에 밝은 빛을 비춰주옵소서.
어둠의 골짜기를 걷는 것과 같은 우리에게
밝은 빛으로 오실 아기 예수님을 모실 수 있게 하옵소서.

2014년 12월 27일(토)

"일어나서 일을 시작하여라. 주님께서 너와 함께 하시기를 빈다" (대상 22:16)

다윗이 솔로몬에서 말하고 있다. "일어나서 일을 시작하여라." 성전을 건축할 준비를 다 마쳤으니 이제 시작하라는 말이다. 다윗은 성전을 건축할 수 없었다. 준비하는 일이 그의 소임이 된 것이다. 이제 모든 준비가 끝났으니 일을 시작하라고 말하고 있다. 나는 이 말을 나에게 하는 말로 들었다. 그동안 환자의 자리에서 말씀을 묵상하며 회복되기를 기다리고 있었다. 이제 골수이식을 받은 지 1년 6개월이 지나고 있다. 환자의 자리에서 일어서서 일을 시작해야 할 시점이 된 것이다. 마음

속에 여러 가지 두려움이 있지만, 이제는 일어서야 할 때가 된 것이다. 새해를 시작하는 기도 제목으로 이 말씀을 주신 것이다.

2015년 1월 14일(수)

"주님, 말씀하십시오. 주님의 종이 듣고 있습니다"

(삼상 3:9)

주님의 종이 할 일은 하나님의 말씀에 귀를 기울이는 것이다. 주님의 종이라는 소명을 받은 사람이라면 이 일에 온 정성을 기울여야 한다. 그래야 말씀을 전하는 자의 소임을 감당 할 수 있는 것이다. 하나님은 말씀이시기 때문이다(요 1:1).

2015년 1월 20일(화)

"주님의 눈은 주님을 경외하는 사람들을 살펴보시며, 한결 같은 사랑으로 사모하는 사람들을 살펴보시고…"

(시 33:18)

시인은 22절에서, "우리에게 주님의 한결같은 사랑을 베풀어 주십시오"라고 간구하고 있다. 그런데 예언자는 이미 하나님께서 우리를 그렇게 사랑하셨다고 말하고 있다. "나는 영원한 사랑으로 너를 사랑하였고, 한결같은 사랑을 너에게 베푼다(렘 31:3)". 주님의 눈은 우리를 늘 살피고 계시다. 문제는 우리의 눈이 어디를 향하고 있느냐이다. 좋을 때나 나쁠 때나, 극심한 고난에 처해서도 하나님의 한결같은 사랑을 바라볼 수 있다면 얼마나 큰 믿음일까? 그렇게 되어야 하는데….

2015년 2월 2일(월)

> "주님은 언제나 나와 함께 계시는 분, 그가 나의 오른쪽에 계시니, 나는 흔들리지 않는다" (시 16:8)

시편 16편은 우리와 함께 계시는 하나님을 노래하고 있다. 하나님을 모시고 사는 삶에는 기쁨이 넘친다(11). 하나님이 나와 함께 계신다는 것은 내가 하나님을 모시고 있다는 것을 말하는 것이다. 하나님을 나의 오른 편에 모시는 삶에 기쁨이 있는 것이다. 중요한 것은 내가 하나님을 모시고 사는 것이다.

2015년 2월 11일(수)

"눈물을 흘리며 씨를 뿌리는 사람은 기쁨으로 거둔다"

(시 126:5)

"선한 일을 하다가, 낙심하지 맙시다. 지쳐서 넘어지지 아니하면, 때가 이를 때에 거두게 될 것입니다"

(갈 6:9)

이것은 분명 하나님의 응원 메시지다. 바울은 무슨 근거로 말하고 있는 것인가? 갈라디아서 6장 7절에, "하나님은 조롱을 받으실 분이 아닙니다"라고 말하는 것이 그 근거다. 하나님은 심은 대로 거두게 하시는 분이다. 우리가 선한 것을 심었다면 반드시 그 열매를 거두게 될 것이다. 에머슨이 영혼은 오직 인과의 법칙만을 따른다는 말이 이 말씀과 근사하다. 마음에 선한 씨를 뿌리는 것이 중요하다.

2015년 2월 14일(토)

"성전을 지어라"

(학 1:8)

잠자리에서 일어나려는데 이런 생각이 났다. 교회를 개척하라는 게 하나님의 뜻인가? 교목에 지원하면서 나의 부르심의 자리가 여기가 아닐까 했는데, 결과가 뜻대로 되지 않았다. 그러면 나를 부르시는 자리가 어디일까? 이제는 분명하게 나의 삶을 부르심의 자리에 놓으려한다. 그렇다면 하나님이 부르시는 자리는 어디일까? 이런 생각들을 하고 기도서를 폈는데, 오늘의 본문이 학개서 1장 24절이었다.

"주님께서 모든 백성의 마음을 감동 시키셨다. 그래서 백성이 와서 그들의 하나님 만군의 주님의 성전을 짓는 일을 하였다."

학개서 1장을 전체적으로 읽고 묵상했다. 이 시대에 교회를 세우는 일은, 기존의 교회를 다시 세우는 것과 새로운 교회를 설립하는 것인데, 여기가 나의 부르심의 자리일까? 아직은 더 점검해 봐야 할 문제다. "성전을 지어라(학 1:8)" 이것은 분명한 하나님의 명령이다. 이 명령을 수행하는 길은 건물로서의 교회, 집단으로서의 교회를 세우는 일에 앞서, 우리 내면의 성전을 세우는 일이 먼저라는 사실이다.

2015년 2월 19일(목) 설날 아침

"그분께서 댁에게 넉넉히 갚아 주실 것이오" (룻 2:12)

보아스가 룻에게 하는 말이다. 이제 하나님의 날개 그늘 밑에 들어왔으니 하나님께서 그동안의 고난을 복으로 갚아 주실 것이라는 말이다. 설날 아침인데 우리는 쓸쓸하게 아침을 맞았다. 새해가 되면서 이제는 환자의 자리를 털고 일어나 사역의 자리에 서기를 기도했다. 수원에 있는 S중학교에서 교목을 초빙하는 공고가 있어서 지원을 했다. 나의 첫 부르심이 중고등학교 교목의 자리였으니, 이제 그 부르심을 완성할 수 있는 기회를 주시려나? 하는 기대감에 부풀었다. 아내와 아이들은 아빠가 다시 설 수 있는 길을 열어주시는가 보다며 기대가 컸다. 어려운 집안 살림도 회복될 수 있겠다고 생각했다. 그런데 얼마 전 나온 결과는 우리의 기대와는 다른 것이었다. 나도 실망이 컸지만 아내와 아이들의 실망은 더 컸다. 이런 마음으로 설을 맞이했으니 기분이 좋을리 없을 것이다. 무거운 마음으로 맞이하는 설날 아침, 나는 다른 날과 같이 책상 앞에 앉아 말씀을 펼쳤다. 그랬더니 "그분께서 댁에게 넉넉히 갚아 주실 것"이라고 보아스의 입을 통해 말씀해 주시지 않는가? 아멘! 할 수밖에….

시편 1편이 복 있는 사람의 생활로 제시한 하나님의 말씀을 밤낮으로 묵상하는 삶을 이렇게 실천하고 있다.

15

운칠기삼(運七技三)

　　프로야구 중계를 보다 보면 해설자들의 말에서 재미있는 이야기를 많이 듣게 된다. 야구 선수들은 이런 말을 많이 한다고 한다. "운칠기삼(運七技三)" 게임에서 이기는 데는 운(運)이 7할 기(技)가 3할 작용한다는 말이다. 프로야구 선수들이 하는 말이니 더욱 재미있다. 프로라는 건 자신의 전문성을 믿는 사람을 말하는 것일 텐데 기보다 운에 더 비중을 두고 있으니 말이다. 그러나 실제로 야구경기를 보다 보면 이 말이 사실이라는 것을 확인할 때가 많다. 그러니 틀린 말이 아닌 것도 분명하다. 야구는 둥근 공을 둥근 방망이로 쳐서 안타를 만들어야 하는 경기다. 그런데 잘 맞은 공이 수비수 정면으로 가는 경우가 있고, 빗맞은 공이 안타가 되는 경우가 있으니 이런 것을 무엇으로 설명할 수 있겠는가? 운에 맡기는 수밖에….

야구를 인생에 비유하기도 한다. 야구 경기에서와 마찬가지로 인생에서도 운칠기삼(運七技三)을 경험하는 것은 다반사(茶飯事)다. 내가 할 수 있는 영역이 삼(三)이라면 내가 어쩔 수 없는 영역이 칠(七)이라는 것이다. 내가 어쩔 수 없는 칠(七)을 보편적인 우리네 경험적 언어로 말하면 운(運)이고, 기독교 신앙의 언어로 말하면 "하나님의 섭리"라고 할 수 있을까? 이러한 사실은 종교가 있는 사람이나 없는 사람이나 공통적으로 인정할 수 있는 영역이 있다는 것을 알려주고 있기도 하다.

운(運)칠(七)은 인간이 겸손할 수 있는 근거를 제공한다. 내 마음대로 할 수 없는 영역이 7할이나 된다는 것을 인정할 수 있다면 우리는 겸손할 수 있다. 그리고 이렇게 겸손할 수 있을 때 감사할 수도 있다. 모든 것이 내 힘으로 이루어졌다면 어디에 감사할 이유가 있겠는가?

내가 어떻게 할 수 없는 7(七)할은 우리에게 마음의 평화를 준다. 우리는 너무나 많은 책임감과 죄책감 같은 마음의 짐을 가지고 살아간다. 이런 짐이 너무나 무거워 삶을 포기하는 경우도 있다. 그러나 삶의 7(七)할이 하나님의 몫이라면 내가 책임질 일이 아니니 짐스럽게 생각할 필요가 없는 것이다. 이런 걸 "하나님의 은혜"라고 할 수 있을까? 하나님의 은혜에 맡길 수 있다면 우리는 마음의 평화를 누릴 수 있을 것이다.

기(技)삼(三)은 우리가 할 몫이다. 너무 믿음이 좋으면(?) 긴장감이 없는 삶을 살 수도 있다. 모든 것을 하나님께 맡긴다면 지나치게 낙천적이 될 것이다. 이렇게 되면 너무 무책임하게 되는 것 아닐까? 야구에서 3할은 매우 중요한 숫자다. 타자가 3할을 친다고 하면 정말 잘 치는 타자라고 할 수 있다. 야구선수의 목표는 3할 타자가 되는 것이다. 3할을 유지한다는 것이 얼마나 어려운 일이면 그러겠는가? 3할이란 야구에서 결코 적은 비중이 아니다. 따라서 야구선수는 3할을 감당하기 위해서 혹독한 훈련을 견디는 것이다. 우리의 인생에 있어서도 하나님의 몫이 7이나 된다고 생각할 것이 아니라, 내가 감당할 몫이 3할이라는 사실을 깊이 생각할 필요가 있다. 그리고 그 3할을 감당하기 위해 최선을 다해야 하는 것이다.

운칠기삼(運七技三), 정말 절묘한 비율이다. 하나님이 세상을 섭리하시는 비밀이 담긴 것 같다. 예수님은 온갖 염려가 끊이지 않는 믿음이 작은 우리에게 공중의 새를 보고, 들의 백합화를 보며 믿음을 크게 하라고 하셨다. 그들이 수고하지 않아도 잘 기르시고, 솔로몬의 영화보다도 화려하게 꾸미시는 하나님의 섭리를 바라보라는 것이다. 기삼(技三)을 위해 자신의 최선을 다하면서도 운칠(運七)에 결과를 맡길 수 있는 믿음을 가지라는 것 아닐까? 그렇게 되면 내일 일을 내일이 걱정하게 놔 둘 수 있을 것인데…(마 6:25-34).

16

동이가
비어 있는
순간

율동공원을 걸었다. 햇볕은 따뜻하고 날씨는 제법 풀려서 호수의 얼음도 대부분 녹았다. 사람들이 많이 나왔다. 설을 쇠고 난 다음 날 산책을 즐기는 사람들로 붐비기는 하지만 그래도 분위기는 한가롭다. 며칠 만에 걷는 걸음은 가벼운데 마음은 무겁다. 최근에 겪은 일들이 자꾸 생각난다.

수원의 S중학교 교목에 지원하면서 식구들의 기대는 컸다. 1차 시험을 통과하고, 2차 실기 테스트와 심층면접을 통과하고 이사회의 최종면접에 나갈 3명의 후보로 뽑혔을 때, 거의 합격한 분위기였다. 최종면접을 마치고 결과가 나오기까지 일주일의 시간이 걸렸다. 그 사이 식구들은 모이면 앞으로 어떤 변화가 있을지, 앞으로 어떻게 생활을 하면 좋을지, 이런 저런 이야기로 집안에 활기가 돌았다. 아빠가 이제는 환자의 자리에서 일어나 다시 사역의 자리로 옮기게 될 거라는 기대감에 온갖 것들을 다 생각하게 된 것이다. 대학 마지막 학년을 남긴 딸래미는 이제 힘든 아르바이트를 줄이고 학업에 집중하면 좋겠다고 하고, 집을 이사하기로 되어 있는데 무엇을 어떻게 고치고 들어갔으면 좋겠다고 한다. 아빠가 출근을 하게 되면 차를 아빠가 써야 하니, 엄마는 어떻게 하면 좋겠냐고 한다. 그런데 결과가 원하는 대로 나오지 않았다. 식구들은 갑자기 구멍 뚫린 풍선처럼 기대가 빠져 나가면서 허탈해 했다. 실망하기는 나도 마찬가지였다. 여러 가지 상황이 좋은 결과를 기대하게 했기 때문에 실망은 더 컸다.

능숙한 이야기 꾼 예수님의 비유 가운데, 성경에는 없지만 도마복음서에 전해지는 기막힌 이야기가 있다.

한 여인이 밀가루를 가득 채운 동이를 이고 집으로 가고 있었다. 그녀가 먼 길을 가는 동안, 이고 가는 동이의 손잡이가 깨져서, 밀가루가 새어나오고 있었다. 밀가루는 길에 흩날려 뿌려졌다. 그러나 그녀는 그 사실을 전혀 모르고 있었다. 여인이 집에 도착하여 동이를 내려놓았을 때, 동이가 비어 있는 것을 알게 되었다.

이것이 이야기의 전부다. 예수님은 "아버지의 나라는 밀가루를 가득 채운 동이를 이고 가는 한 여인과 같다"고 하는 말로 이야기를 시작했다. 그러면 무엇이 아버지의 나라라는 말인가? 동이가 비어 있는 것을 알게 되는 순간 그 나라가 시작된다는 말인가? 아니면? 도무지 이해할 수가 없다.

여인은 밀가루를 동이에 채우고 집을 향해 가면서 여러 가지 생각을 했을 것이다. 이것으로 식구들에게 맛있는 음식을 해줄 기대에 부풀었을지도 모른다. 맛있는 음식을 먹고 있는 식구들의 행복한 표정을 그렸을 지도 모른다. 그런데 집에 도착하여 동이를 내려놓은 순간, 모든 기대는 바람에 흩날려 버린 밀가루처럼 날아가 버리고 만 것이다. 예수님의 메시지가 무엇인지 명확하지는 않지만 여인이 마주한 상황은 너무나 공감이 되고, 이해가 된다. 어쩌면 예수님은 어떤 메시지를 주려는 의도 보다는 우리가 늘 마주하게 되는 상황을 공감하는 마음으로 이야기 하셨는지 모르겠다. 우리 가족들이 며칠간 겪은 일이 바로 이런 순간, 즉 동이가 비어 있는 순간이었을 것이다.

예레미야는 자기의 처지와 민족의 상황을 보면서 깊은 탄식을 품고 있었던 예언자다. 그의 예언 속에는 눈물이 가득하다. 뻔히 패망의 길로 가는 민족을 바라보는 심정은 얼마나 안타까웠을까? 말을 해도 알아듣지 못하는 사람들을 향해, 그래도 하나님의 말씀을 외쳐야 하는 심정은 오죽했겠는가? 더군다나 거짓 예언자들은 사람들이 듣기 좋은 소리만 해대고 있고, 사람들은 나서서 옳은 소리하는 자기를 죽이려 드니 그 마음이 얼마나 참담했겠는가? 이런 예레미야의 마음이 가장 잘 드러난 것이 하나님께 대한 항의로 표출된 예레미야 12장이다. 예레미야는 하나님께 이렇게 항의를 한다.

> "주님, 제가 주님과 변론할 때마다, 언제나 주님이 옳으셨습니다. 그러므로 주님께 공정성 문제 한 가지를 여쭙겠습니다. 어찌하여 악인들이 형통하며, 배신자들이 모두 잘 되기만 합니까?" (렘 12:1)

예레미야가 제기한 문제는 "공정성의 문제"라고 했다. 우리도 품고 있는 의문이다. 세상은 하나님이 만드셨는데 어떻게 악인들이 더 잘 사느냐는 것이다. 그러니 하나님이 공정하지 못하시다는 것이다. 신정론(神正論, theodicy)적인 문제 제기인데, 논쟁을 위한 것이 아니라 속 터지는 심정을 하나님께 토로한 것이다. 하나님은 이렇게 답하신다.

> "네가 사람과 달리기를 해도 피곤하면, 어떻게 말과 달리기를 하겠느냐? 네가 조용한 땅에서만 안전하게 살 수 있다면, 요단강의 창일한 물속에서는 어찌하겠느냐?" (렘 12:5)

이것은 하나님의 답이라기보다 예레미야의 자문자답이다. 이정도 가지고 약해져서야 어떻게 하나님의 일을 하겠느냐는, 마음가짐을 새롭게 하는 혼잣말이다.

우리에게는 보상심리가 있다. 무엇을 하든 그에 합당한 보상이 있어야 비로소 보람을 느끼는 마음이다. 내가 이만큼 했으면 하나님이 이 정도는 해주셔야지 하는 계산속이다. 우리의 믿음이 그렇다. 바울이 율법 아래 사는 삶에 대해 경계한 이유가 이런 데 있을 것이다. 내가 이만큼 율법을 잘 지켰으니 당연히 하나님께서 그에 합당한 보상을 해주셔야 한다고 생각하는 것이다. 이것도 믿음은 분명한데, 어린 아이의 믿음이다. 성숙한 믿음은 보상을 기대하지 않는다. 보상이 없어도 내 할 도리는 하는 마음이라야 성숙하다 할 수 있다.

2012년 프로야구팀 두산베어스에서 마무리 투수로 활약했던 스캇 프록터 선수는 한 언론과의 인터뷰에서 이렇게 말했다.

"나는 실패하고 배우면서 여기까지 왔다. 무사 만루 상황 같은 위기에서 야구를 해봐야 실력이 느는 것이니까"

(「스포츠서울」, 2012.8.23)

스캇 프록터는 주로 불펜 투수였고, 두산베어스에서는 마무리 투수 역할을 맡았다. 거의 대부분 위기 상황에서 등판하게 된다. '무사 만루'라는 상황은 투수가 마주할 수 있는 가장 어려운 상황이다. 이런 상황에서 투수는 위기를 넘겨 성공할 수도 있으나, 적시타를 맞고 경기를 더 어려운 상황으로 만들 수도 있다. 그러나 이런 경험이 없이 크는 선수는 없다. 큰 어려움일수록 더욱 성장하는 계기가 되는 것이다.

우리가 살아가다가 "동이가 비어 있는 순간"을 만나기도 한다. 그러나 거기서 끝나는 것은 아니다. 그리고 한 번으로 끝나는 것도 아니다. 그런 순간을 수없이 넘기면서 우리는 성숙해지는 것이다. 인도의 시인 라빈드라나드 타고르의 『기탄잘리』에 이런 노래가 있다.

"나는 생각했습니다. 드디어 나의 힘은 바닥이 드러나서 나의 항해는 끝난 것이라고- 앞길은 막혔고, 양식은 떨어졌고, 하여 이젠 조용하고 은밀한 데로 가서 숨어 버릴 시간이 되었다고. 그러나 나는 발견했습니다. 님의 의지는 내 안에서 종국(終局)을 알지 못함을. 하여 낡은 말이 혓바닥에서 숨질 때엔, 새로운 선율이 가슴에서 치솟고, 낡은 길이 스러진 곳엔 새로운 나라가 경이에 차서 나타나는 것입니다"

(기탄잘리, 서른 일곱 번째 노래)

예수님의 이야기의 의미를 인도의 시인의 노래에서 이해하게 된다. 아울러 '동이가 비어 있는 순간'을 맞을 때마다 이 노래는 우리의 응원가가 되어 줄 것이다.

17 _____

다시
부르심의
자리에

예수님은 좀 썰렁한 데가 있다. 수많은 사람들이 자기를 따라오고 있는데 갑자기 걸음을 멈추고 이런 비유를 들었다. 누군가 망대를 세우려고 할 때는 자기가 가진 것이 준공하기까지 충분한지 계산해 보지 않겠느냐, 그렇지 않으면 기초만 세우고 다 이루지 못할 것이고, 사람들의 손가락질을 당하지 않겠느냐, 또 어떤 왕이 있는데, 다른 왕과 전쟁을 하러 갈 때는 먼저 앉아서 계산을 해보아야 하지 않겠느냐, 일만 명으로 이만 명과 싸워 이길 수 있는지, 만약 승산이 없다면 사신을 보내 화친을 청해야 하지 않겠느냐는 이야기다(눅 14:28-33). 너희들은 이런 계산을 해보고 나를 따라나섰느냐고 묻고 있는 것이다. 나를 따른다는 것이 어떤 것인지 생각을 좀 해봤냐는 말씀이다.

내가 신학교엘 간다고 하니까 믿음 좋은 최연순 권사님이 섭섭해 하셨다. 유복자 외아들이 목사가 되는 길을 간다는 말에 기뻐해야할 믿음 좋은 권사님이 왜 섭섭해 하셨을까? 시골 교회 목사님만 봐서 그랬을 게다. 시골 교회 목사님만 보셔서, 아들은 좀 가난을 벗어났으면 했는데 가난하게 살게 뻔한 길을 가겠다는 게 맘에 들지 않았을 것이다. 우리 어머님이 잘 모르셔서 그랬을 게 분명하다. 지금은 신학교 지망생이 줄고 있다고 하는데, 내가 갈 때만 해도 너무 많은 학생들이 몰렸다. 학생들이 몰려오니 신학교도 우후죽순마냥 늘어났다. 그때는 교회가 번창하고 있는 중이었으니까.

예수님은 나를 따르려면 자기 부모와 처자와 형제와 자매와 더욱이 자기 목숨까지 미워해야 한다고 하셨다. 나를 따르려면 자기 십자가를 지고 나를 따르라고 하셨다. 그런데도 그렇게 많은 이들이 그를 따르겠다고 나섰다니, 정말 대단한 일이 아닐 수 없다. 예수님의 제자를 기르겠다고 '제자교육'을 특허 상품으로 내건 교회들이 수 만 명이 모이는 대형교회가 되었는데, 그렇게 많은 사람들이 정말 예수님을 따르고 있는지 궁금하긴 하다.

나는 멋모르고 따라 나섰다. 신학대학교와 대학원을 마치고 중고등학교 교목으로 목회를 했으니 멋도 모르고 살았다. 지금 돌아보면 설교는 도덕적 교훈의 남발이었고, 자기

계발서 수준의 '비전을 가져라'였다. 성경은 수박 겉핥기만 하고 있었다. 그러다가 학교를 퇴직하게 되었다. 명예로운 퇴직도 아니고 강제 퇴직도 아닌 자발적 퇴직이었다. 계획을 갖고 있었기 때문이었다. 그런데 그 계획이 틀어지기 시작했다. 설립한 회사는 금방 폐업신고를 하고, 또 다른 계획은 제대로 실행해 보지도 못했다. 생활고를 알게 되었다. 어머니는 암진단을 받고 항암치료를 하시다가 돌아가셨고, 급기야 내가 백혈병 진단을 받게 된 것이다.

오세영 시인의 "그릇"이라는 시에서 '깨진 그릇'이란 말을 발견하고 얼마나 감동했는지 모르겠다. 시인의 뜻과는 상관없이 나야말로 깨진 그릇이구나 생각했다.

깨진 그릇은
칼날이 된다.

절제와 균형의 중심에서
빗나간 힘,
부서진 원은 모를 세우고
이성의 차가운
눈을 뜨게 한다.

맹목의 사랑을 노리는

사금파리여,
지금 나는 맨발이다.
베어지기를 기다리는
살이다.
상처 깊숙이서 성숙하는 혼

깨진 그릇은
칼날이 된다.
무엇이나 깨진 것은
칼이 된다.   - 오세영, 시집 『천년의 잠』, 시인생각

예수님은 세상에 칼을 주러 왔노라고 말씀하셨다.

> "너희는 내가 땅 위에 평화를 주러 온 줄로 생각하지 말아라 평
> 화가 아니라 칼을 주러 왔다"   (마 10:34)

　예수님을 따르게 되면 가족과 불화하게 될 것이라는 문맥
에서 사용된 말씀이다. 그러나 칼은 인간관계의 평화를 깨
는 역할 만이 아니라 자아의 평화를 깨는 의미도 내포하고
있다. 우리는 익숙한 데 머물기를 원한다. '지금'이 흔들리지
않기를 바란다. 우리가 예수님을 정직하게 바라본다면 그는
칼이다. 우리는 '베어지기를 기다리는 살'이다. 상처를 통해

비로소 성숙해지는 혼이다. 내가 아무 일 없이 학교 교목으로 사역을 잘하고 있었다면 할 수 없었을 많은 경험들이, 알 수 없었을 말씀들이 지금의 나를 성숙시키고 있음을 발견한다. 그릇은 깨져야 하는 것이다.

2015년을 시작하며, 다시 '부르심'에 대해 성찰할 계기가 있었다. 2014년을 보내면서 새해에는 환자의 자리에서 일어나 사역의 자리에 서야겠다는 결심을 세웠다. 그러고 있는데 수원의 S중학교에서 교목을 청빙한다는 소식을 들었다. 나는 며칠을 고민하다가 아직 불안한 점이 있기는 하지만 지원하기로 했다. 지원 서류를 만들고, 시험과 면접에 대비해 이런 저런 준비를 하느라 연초를 정신없이 그러나 모처럼 활력을 발휘하며 보냈다. 필기시험을 보고, 수업 시연과 심층면접을 통과하여 이사회의 최종 면접을 보게 되었다. 그러면서 나는 나의 첫 번 부르심에 대해 돌아봤다. 신학대학원을 다니는 중에 교목으로 사역을 시작해서, 그곳에서 목사 안수를 받고 열심히 일했다. 그런데 지금 생각해 보니 아쉬운 것이 한두 가지가 아니다. 지금이라면 정말 제대로 할 수 있을 것 같다. 이번에 나의 부르심을 완성할 기회를 주시려나 보다, 기대에 부풀었다. 그러나 결과는 원하는 대로 이루어지지 않았다. 기대가 어긋나서 실망감도 크지만 한편으로 나의 부르심에 대해 성찰 할 수 있는 귀한 기회를

갖게 되었으니 소득이 없었던 것만은 아니다. 이제는 나의
삶을 '다시 부르심의 자리'에 놓아야 하겠다는 귀한 깨달음
을 주었던 시간이다.

■ 참고문헌 ─────────────────────

이윤기, 『이윤기의 그리스 로마 신화』, 웅진닷컴, 2002.
노평구 편, 『김교신 전집1』, 일심사, 1988.
엘리자베스 퀴블러 로스·데이비드 케슬러 저, 류시화 역, 『인생수업』, 이레, 2006.
R. 타고르 저, 박희진 역, 『기탄잘리』, 현암사, 2002.
랄프 왈도 에머슨 저, 이창기 편역, 『자신감』, 하늘 아래, 2006.
박완서 외, 『괜찮아, 살아있으니까』, 마음의 숲, 2008.
J.J.루소 저, 정봉구 역, 『에밀』, 범우사, 1988.
레프 똘스또이 저, 채수동·이산 역, 『인생이란 무엇인가』, 동서문화사, 2004.
손명찬, 『꽃필날』, 좋은생각, 2011.
헨리 나우웬 저, 두란노 편집부 역, 『희망의 씨앗』, 두란노, 2001.
존 베일리 저, 선한용 역, 『날마다 드리는 기도』, 대한기독교서회, 2011.
곽노순, 『그대 삶에 먼동이 트는 날』, 다산글방, 1990.
앙리 프레데릭 아미엘 저, 김욱 역, 『아미엘의 일기』, 바움, 2004.
쌩 떽쥐베리 저, 전성자 역, 『어린왕자』, 문예출판사, 1985.
위르겐 몰트만 저, 전경연·박봉랑 역, 『희망의 신학』, 대한기독교서회, 1988.
앤 라모트 저, 김승욱 역, 『우리를 살아가게 하는 것들』, 청림출판, 2011.
고은, 『바람의 사상(시인 고은의 일기)』, 한길사, 2013.
어거스틴 저, 선한용 역, 『성 어거스틴의 고백록』, 대한기독교서회, 1993.
라이너 마리아 릴케 저, 김승욱 역, 『골무가 하느님 된 이야기』, 작가정신, 1998.
레프 톨스토이 저, 이상원 역, 『살아갈 날들을 위한 공부』, 조화로운 삶, 2009.
이윤기, 『이윤기가 건너는 강』, 작가정신, 2001
간디 저, 이재경, 유영호 역, 『위대한 영혼의 스승이 보낸 63통의 편지(마하트마 간디의
　　　　마음)』, 지식공작소, 2002
사이니야 편저, 김정자 역, 『탈무드』, 베이직북스, 2012
김영호 엮음, 『사랑에는 방법이 없습니다(가려 뽑은 함석헌 선생님 말씀)』, 한길사, 2009
헨리 나우웬 저, 최조훈 역, 『탕자의 귀향』, 포이에마, 2012
앙토냉 질베르 세르티양주 저, 이재만 역, 『공부하는 삶』, 유유, 2013
헨리 데이빗 소로우 저, 류시화 역, 『구도자에게 보낸 편지』, 오래된 미래, 2005
빅토르 프랑클 저, 남기호 역, 『삶의 물음에 '예'라고 대답하라』, 산해, 2009
헤른후트형제단 저, 홍주민 역, 『2015 말씀, 그리고 하루(헤른후트 기도서 285판)』, 한국
　　　　디아코니아연구소, 2015
오세영, 『천년의 잠』, 시인생각, 2012